毎日使えるかわいい布箱

ヨーロピアンスタイルで。
シンプルな大人のカルトナージュ

佐伯真紀

In European style
Simple stunning cartonnage

Contents

- 03 星のトレイ
- 04 ラウンドバッグ／メガネ＆ペンケース
- 05 トートバッグ（花柄）／小物入れ
- 06 トートバッグ（茶色いファー）／メガネ＆ペンケース／トートバッグ（白いファー）
- 07 プチバッグ
- 08 ブックスタンド／植木鉢カバー
- 10 袱紗（ふくさ）
- 11 IDケース／パスケース／スマートフォンケース
- 12 カードケース／コインケース／スマートフォンケース
- 13 エンボスの箱
- 14 カチューシャBOX
- 15 マジックBOX
- 16 道具箱
- 17 タブレット端末＆スマートフォンスタンド
- 18 ドーナツ型時計BOX
- 19 ハートのティッシュBOX
- 20 ランチョンマットトレイ
- 21 箸置き
- 22 バスケットBOX
- 23 紅茶の箱
- 24 コーヒーカプセルBOOK
- 25 ワインバッグ
- 26 ピクチャーBOX
- 27 電子機器収納BOX
- 28 ロールペーパーストッカー＆カバーと小物入れ
- 29 ダストBOX

how to make

- 30 基本の道具と材料
- 32 基本のテクニック
- 37 3種類のタッセルを作ってみよう
- 39 ブックスタンド　生地1枚で作れる！
- 40 カードケース／袱紗（ふくさ）　生地1枚で作れる！
- 41 コインケース　生地1枚で作れる！
- 42 IDケース　生地1枚で作れる！
- 43 パスケース　生地1枚で作れる！
- 44 スマートフォンケース　生地1枚で作れる！
- 45 植木鉢カバー／ロールペーパーカバー　生地1枚で作れる！
- 46 タブレット端末＆スマートフォンスタンド
- 47 星のトレイ　生地2枚で作れる！
- 48 メガネ＆ペンケース、小物入れ
- 49 ラウンドバッグ
- 52 プチバッグ
- 55 マジックBOX
- 58 ダストBOX
- 60 エンボスの箱
- 63 トートバッグ（花柄・白いファー・茶色いファー）
- 64 バスケットBOX
- 65 ランチョンマットトレイ　生地2枚で作れる！
- 66 道具箱
- 67 紅茶の箱
- 68 コーヒーカプセルBOOK
- 69 ワインバッグ／箸置き　生地2枚で作れる！
- 70 ピクチャーBOX
- 71 ハートのティッシュBOX
- 72 ドーナツ型時計BOX
- 74 ロールペーパーストッカー＆カバーと小物入れ
- 75 カチューシャBOX
- 78 電子機器収納BOX

星のトレイ 生地2枚で作れる！

生地2枚でカンタンに作れる！
スイーツを入れるお皿にぴったり

how to make P.47

Star shaped tray

| how to make |

【本書の考え方】

※how to makeの中で数字のみ表記されているところの単位はcmです。

※本書では2mm厚紙、1mm厚紙、0.8mm厚紙、10mm厚紙、コピー用紙を使用していますが、好みの厚紙で代用可能です。その際は、紙の厚さに応じて寸法を調整してください。

※材料は厚紙以外に必要なものを記載しています。厚紙は製図を参照してください。

※生地、裏打紙のサイズは製図に合わせた目安です。カットした厚紙や組み立てた厚紙にあててみるなど、サイズを調整してください。また、使用する生地の種類や厚さによってもサイズが変わってくる場合があるため、その都度調整してください。

※材料には、本書で使用した生地の種類を記載しています。参考情報ですので、お好みの生地をお使いください。

※厚紙の組み立て時に水貼りテープは使用していませんが、必要に応じて補強してください。

※曲線部分の厚紙は寸法を長めに表記しています。作業時に実寸に合わせて調整してください。

※生地やリボン、ブレードのサイズは若干大きめに記載しています。

ラウンドバッグ／メガネ＆ペンケース

長財布、ケータイが余裕で入る大きさ！
カルトナージュのお道具箱にしても。
春色バッグで気持ちに優しい彩りを

how to make ラウンドバッグP.49 メガネケースP.48

Round bag, Glasses case

トートバッグ（花柄）／小物入れ

小物入れの作り方は、ペンケースと同じ！
革風タッセルがワンポイントに。
涼しげな夏色でお出かけに潤いを

how to make トートバッグP.63 小物入れP.48

Tote bag, Pouch

Totebag, Pencil case

トートバッグ（茶色いファー）／
メガネ＆ペンケース／
トートバッグ（白いファー）

ファーで大人可愛く
秋冬の装いをグレードアップ

how to make トートバッグP.63 ペンケースP.48

プチバッグ

外側の生地は1枚で包むように貼る、
マチがたっぷりあるバッグ
質感のある生地で上質なおしゃれを演出！

how to make P.52

ブックスタンド 生地1枚で作れる!

A4サイズの本を広げて立たせられる
ブックスタンド。平面にして収納も!

how to make P.39

植木鉢カバー 生地1枚で作れる!

クルッと巻く植木鉢カバー。
サイズはフレキシブルで、重ねて収納できます

how to make P.45

袱　紗　生地1枚で作れる!

ご祝儀袋、不祝儀袋で色を変えて作っても。
大きさを変えればカードケースにもなります

how to make P.40

IDケース／パスケース／スマートフォンケース

生地1枚で作れる！

1枚の生地を折りたたむようにして作ります。
リボン通しをつければ、ぶらさげられる仕様に！

how to make IDケースP.42 パスケースP.43 スマートフォンケースP.44

I.D case

Pass case

Smartphone case

エンボスの箱

スキバルという革風の紙にエンボス加工を施すと、高級感あふれるBOXに。エンボスは凹凸両方で！

how to make P.60

Embossed box

カチューシャBOX

カチューシャやアクセサリーがたくさん収納できて、
香水ボトルなどもすっぽり入る大きさ。ミラー付き！

how to make P.75

マジックBOX

丸い箱をクルッと回転させると、あら不思議！
側面の生地が変わるのです。2度おいしい布箱です

how to make P.55

Magic box

道具箱

中箱の生地を全部違う種類にして、
パッチワークのようにしても可愛い！

how to make P.66

Tablet & Smartphone stand

タブレット端末&
スマートフォンスタンド

スマートフォンも大きいタブレット端末も縦に立てかけられる！
レシピサイトや動画を見ながら作業するときに便利です

how to make P.46

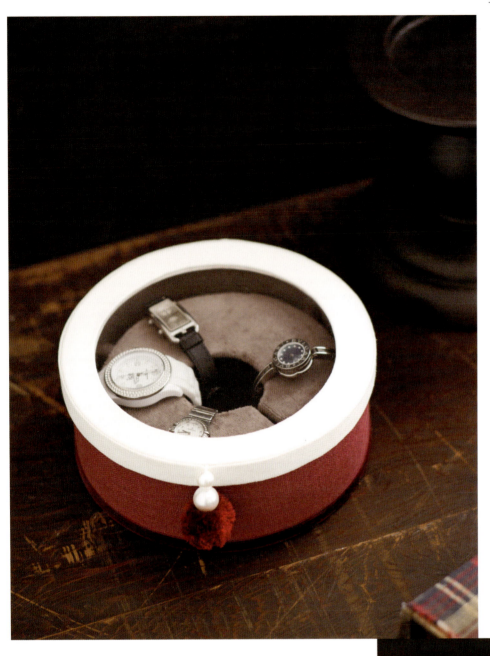

ドーナツ型時計BOX

ベルトタイプ、バングルタイプ、スポーツタイプなど
どんな種類の時計もフェイスを上にして収納可能!

how to make P.72

Donut shaped watch box

ハートのティッシュBOX

斜めに置いても、重ねても可愛い！
インテリアに映えるティッシュBOX

how to make P.71

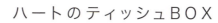

ランチョンマットトレイ <small>生地2枚で作れる!</small>

平置きするとランチョンマットに。
持ち手を持つとそのまま運べる便利なトレイ。
収納もコンパクトです

how to make P.65

Luncheon mat tray

箸置き 生地2枚で作れる!

厚紙ではなくコピー用紙で作れる手軽さ!
余ったハギレが大活躍♪

how to make P.69

Chopstick rest

バスケットBOX

四角い箱が、持ち手がついた
バスケットに変身。
開いたまま運べるので、
パーティーにぴったり！

how to make P.64

Basket box

紅茶の箱

パネル式のティーカップは
交換可能！
季節ごとにパネルの柄や形を変えて
楽しむこともできます

how to make P.67

Teabag box

コーヒーカプセルBOOK

交互にカプセルを収納するので
無駄なスペースがなく機能的！

how to make P.68

Coffee capsule holder book

ワインバッグ
生地2枚で作れる！

簡単に作れる平面作品です。
そのまま素敵なプレゼントにも。
ラベルを見せて
記念ワインを飾っても！

how to make P.69

Wine bag

ピクチャーBOX

縦にも横にも置けて、飾る絵や写真を収納もできる！
さまざまなサイズの絵をコラージュして飾れます

how to make P.70

Electronic device holder

電子機器収納 BOX

スマートフォン、タブレット端末、デジタルカメラなど
あいた穴にコードを通して充電しながら収納できます

how to make P.78

ロールペーパーストッカー&カバーと小物入れ

トイレの見えるところに置いてもおしゃれ!
すきまからストック数をチェックできます

how to make
ロールペーパーストッカーP.74
ロールペーパーカバーP.45
小物入れP.74

ダストBOX

内側のハンドルにビニール袋をひっかけられ、
ふたはリバーシブルに使える便利な仕様です

how to make P.58

how to make
基本の道具と材料

必要な道具や材料をご紹介します。
本書では★がついているものを
「基本セット」としています。

カッティングマット★
厚紙や生地を切るときに使用

布用・紙用はさみ★
先が鋭く、よく切れるもの

ピンキングばさみ★
曲線部分の生地をカットする際に使用

ボンド★
木工用ボンドの場合は厚紙の組み立ては原液で、生地の接着は水で薄めて使用

水貼りテープ★
厚紙の色に合わせて、目立たない色を選ぶとよい

クリップ★
生地と厚紙をしっかり接着する際に使用

シャープペンシル★
製図を厚紙にトレースするときに使用

カッター★
グリップが大きい方が安定して扱える

ヘラ★
角の処理などに使用

筆★
太いものと細いものがあると便利

定規★
滑り止めつきのアルミ定規が便利

分度器★
五角形などの製図に使用

あると便利な道具

円形カッター
厚紙を円形にカットするときに使用

特殊ボンド
アートフラワー用のボンド。生地に染みにくい

アイロン
生地のしわを伸ばすときなどに使用

霧吹き
厚紙で曲線を作るときなどに使用

やすり
厚紙の切り口を整えるときに使用

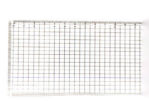

方眼定規
直角を取るときに便利

材 料

2mm厚紙
カルトンボワ、グレー台紙、白ボール紙など。
厚さ1.5〜2.5mmの厚紙で代用可能

1mm厚紙
グレー台紙、白ボール紙など。
厚さ1〜1.5mmの厚紙で代用可能

0.8mm厚紙
カルトネット、白ボール紙など。
厚さ0.5〜1mmの厚紙で代用可能

裏打紙
薄手の画用紙やケント紙、
アイロンで接着できるホットメルト紙など

画用紙
外底などに使用

スチレンボード
発泡スチロールの両面に
ケント紙が貼ってあり、
軽量で厚みがある

ウレタン
ふっくら仕上げたい
ときに使用

生 地
コットンやリネン、ビニールクロスなど。
仕上げたいイメージや用途に
合わせて選ぶ。化繊が入っているとボン
ドが接着しにくい場合があるので注意

スキバルテックス
製本用の紙製のクロスで、高級
感がある仕上がりに。
本書では「スキバル」と表記する

飾 り　作品の仕上げの飾りに使用

リボンやノレード　**レース**　**ワッペン**　**ビジュやビーズ**　**ファー**

金具を使う場合の道具

めうち
金具を差し込む穴を
あけるときに使用

ペンチ
金具の足を曲げるときに
使用

ドライバー
ギボシを取りつけるときに
使用

金槌
カシメを取りつけるとき
に使用

打ち具
カシメを打つときに
使用

覚えておきたい 基本のテクニック

カルトナージュの基本的なテクニックをご紹介します。

厚紙の扱い方

厚紙を切る

1

最初は力を入れずにカッターで線をなぞり、溝を作る。溝ができ、カッターが左右にぶれなくなったら、力を入れてカットする。

円形カッターの使い方

1

円形カッターは中心とカッターの刃を紙の厚みよりも2mmほど多めにしておく。中心と刃を厚紙にしっかり差し込み、力を入れて回す。

曲線を作る

1

紙の目を縦に取り、軽く霧吹きをして、紙がやわらかくなるまで待つ。

2

紙がやわらかいうちに手で曲げて形を作る。

厚紙の組み立て方

1

左右の厚紙の下2mmにボンドを塗り、底の厚紙を挟むようにして貼り、くっつくまで待つ。

2

厚紙の断面のコの字部分にボンドを塗り、前後の厚紙を貼る。

3

隙間ができる場合はボンドで埋める。

生地の扱い方

基本の箱の生地の貼り方

1

ダストBOX(P58〜59)を参考にしてください。

外側面の生地を内側面に巻く

1

外側面に生地を巻くように貼り、方眼定規を使い、生地の貼り始め以外の3辺ののりしろに、内側面の延長線に線を引く。ふちから2mm手前まで切り込みを入れる。

2

生地の貼り始めは、2mm残さずに切り込みを入れる。

3

生地の貼り始めの余分な重なりをカットする。

4

背面ののりしろは、写真のように2mm内側をカットし、奥を45度にカットする。

5

手前の生地をカットする。

6

のりしろを内側面に折り返し、ヘラで跡をつける。

7

のりしろの角を45度にカットする。

8

角を引っ張りながら左右ののりしろから貼り、背面と前面ののりしろを同様に貼る。

上辺が鋭角な場合の処理方法

1

内側面の延長線に、背面と前面ののりしろにふちから2mm手前まで切り込みを入れる。

2

サイドののりしろを内側面に折り込み、ヘラで跡をつける。

3

角を折り線上でカットする。

4
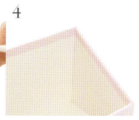
内側面にボンドを塗り、先にサイドののりしろを貼り、背面と前面ののりしろを貼る。

ちょうつがいのつけ方

1

本体上部ののりしろに切り込みを入れ、ちょうつがいの1辺を残し、3辺を折り込んで貼る。

2

残した一辺にちょうつがいの生地を貼る。厚紙の断面と外側面ののりしろにもしっかりと貼り、段差をヘラでならす。

3

角を45度にカットし、ちょうつがいの形を整える。

円型の箱の生地の貼り方

1

マジックBOX（P55～57）を参考にしてください。

丸ふた箱の生地の貼り方

1

ふたに生地を貼り、5mmののりしろを残して余分をピンキングばさみでカットし、側面に貼る。

2

ふた側面の生地に裏打紙を貼り、のりしろの角をカットする。

3

裏打紙にボンドを塗り、生地を折り返して貼る。

4

短辺ののりしろを折り返して貼る。

5

ふたの外側面に、生地を引っ張りながら貼る。このとき、のりしろを折り返してある辺から貼り始め、反対側を下に入れ込んで重ねる。下に入れた短辺の上部を45度にカットする。

6

のりしろを内側面に折り返し、ヘラで跡をつける。

7

ヘラの跡から5mmのりしろを残して、余分をピンキングばさみでカットする。

8

のりしろを内側面に折り返して貼る。

9
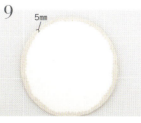
内ぶたに生地を貼り、5mmのりしろを残して余分をピンキングばさみでカットし、折り返して貼る。

10

8のふた裏に9を貼り、完成。

スキバルの扱い方

スキバルの貼り方

1 箱の角にあたる部分の折り目をしっかりとつける。

2 ボンドを塗ってスキバルを貼り、空気が入らないように、ヘラを使って丁寧に空気を抜く。

3 スキバルは切りっぱなしで使う。のりしろが箱の角からはみ出ると汚いので、1mmほど少なくカットし、スキバルの断面をヘラでならす。

角の処理（4辺処理）

1 厚紙の厚み分余裕を持たせて、角を45度にカットする。

2 のりしろは角の厚みをつぶし、断面に貼り付ける。

3 厚紙を立ち上げ、角から45度になるように再度のりしろをカットする。

4 のりしろを折り返して貼る。

角の処理（箱の口）

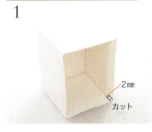

1 本体の内側面の角の延長線上に沿って切り込みを2本入れ、角を2mm離してコの字型にカットする。

2 スキバルの余分な重なり部分をカットする。

3 角が45度に折れるように貼り、もう一方ののりしろも貼る。

4 すべてののりしろを貼り終えたところ。

外側面のスキバルを内側に巻く

1 前面と背面ののりしろは内側面のサイズぴったりに、横はそれぞれ前面と背面に1mmほどかかるサイズに切り込みを入れ、コの字にのりしろをカットする。

2 スキバルの余分な重なり部分をカットする。

3 のりしろを内側に折り返してヘラで跡をつけ、先端の角を45度にカットする。

4 ヘラで角を押しつぶし、左右ののりしろを折り返して貼る。

5 正面と背面ののりしろを折り返して貼る。

金具のつけ方

ギボシのつけ方

1
ギボシを取りつけたい位置に、めうちで穴をあける。

2
カッターで厚紙に切り込みを入れ、金具の厚み分を削り取る。

3
ギボシをはめて、必要に応じてドライバーを使って留める。

飾りのつけ方

1
飾りボタンを使う場合など、裏に凹凸がある場合は、ワイヤーばさみやペンチなどで切り落とし、特殊ボンドで貼る。

カシメのつけ方

1
カシメを取りつけたい位置に、めうちで穴をあける。

2
カシメの、足が長い方を差し込む。

3
裏側に足が短い方を差し込む。

4
専用の打ち具を使って、金槌で打って留める。

マグネットのつけ方

1
ふたのマグネットをつけたい位置にカッターで切り込みを入れる。

2
凸のマグネットの金具の足を通す。

3
金具の足をペンチで外側に倒して固定する。

4
凹をつける際は、凸の先端にボンドを塗り、ボンドの跡をつけて位置を確認する。

スチレンボードの扱い方

スチレンボード（切り方）

断面が垂直になるように、カッターが厚紙に対して垂直になるよう意識する。定規の厚みのある方を使い、できるだけ1回でカットする。

断面の処理①

断面がボコボコになってしまった場合は、やすりを使って整える。

断面の処理②

箱を組み立てた時点で断面が気になる場合は、面全体に薄手の厚紙を貼るとよい。

エンボスの入れ方

エンボスの入れ方

1

2

2枚重ねる

1 アルファベットなどを1mm厚紙にトレースし、かたどってカットする。カットしたものを厚紙に貼り、その上にスキバルを貼る。

2 段差の部分にヘラをあて、何度もなぞる。ボンドを塗ってすぐと、乾いてから再度なぞると、よりラインがくっきりとする。

線と文字、文字と文字を組み合わせてもよい。

凹凸両方使う

ひもを入れる

1mm厚紙をカッターで丁寧に切り抜くと、凹凸両方使える。

厚紙の他に、ひもを入れてもよい。凸が丸いラインに仕上がる。

覚えておくと便利なテクニック

あて布のあて方

1

2

3

1 四角く切り抜く場合など、厚紙の断面が見える場合は、2mmはみ出るように三角の生地を貼る。

2 はみ出た2mmののりしろを、ヘラで断面に押しつける。

3 のりしろを折り返して貼る。

生地が浮いたら

1

浮いている部分にアイロンをあてる。

生地をはがすには

1

2

1 生地に軽く霧吹きをして水を染み込ませる。

2 厚紙が破れないように、そっと生地をはがす。

3種類のタッセルを作ってみよう

作品に彩りを添えてくれるタッセル。
それぞれに個性がある3種類の作り方をご紹介します。

A. 基本のタッセル

材料
* 刺しゅう糸…1束
* 2mm厚紙…3.5×10cm

1
刺しゅう糸の束から、30cmと40cmの長さの糸を1本ずつ切り分けておく。

2
30cmの糸は、片方を5cmほど長くして好みの位置で結び、5cmほどの輪を作る。

3
2の糸の長い方を厚紙に当てる。

4
刺しゅう糸の束を取り、始まりを1cmほど厚紙からはみ出させ、糸の上からグルグル巻きつける。左右に広がらないように1cm幅程度に重ねていく。

5
巻き終わりも、始めと同様に厚紙からはみ出させる。

6
3であてた30cmの糸の両端で、束を巻いて端で固結びする。

7
結び目を束の中に隠し、輪が中央に来るように調整する。

8
糸の束から厚紙を引き抜く。

9
1で切り分けた40cmの糸をグルグル巻き、タッセルの頭の部分を作る。最後に切り揃えるので、巻き始めと巻き終わりの糸が全体の長さよりもはみ出るようにする。

10
巻き終わりは、帯の下部分で固結びする。

11
結び目を帯の中にヘラを使って押し込む。

12
輪になっている部分をはさみでカットし、長さを揃える。

B. ぽんぽんタッセル

材料
刺しゅう糸…1束
好みのパールやビーズ…各1個
テグス…20cm
2mm厚紙…2×10cm（真ん中に0.5×3cmの切り込みを入れる）

1

刺しゅう糸の束から、30cm分取り分けておく。残りの刺しゅう糸の束を、1.5〜2cm幅程度で厚紙の周囲に巻きつける。

2

厚紙の切り込みに切り分けておいた30cmの糸を差し込んで二重に巻き、ギュッとしぼって固結びする。ゆるそうだったら、何回か固結びする。

3

糸の束を厚紙から引き抜き、輪になっている部分をはさみでカットする。

4

中央の糸が見える場合は、刺しゅう糸に軽くボンドを塗り、貼りつけて隙間を閉じる。

5

刺しゅう糸の長さを揃えるようにはさみで丸くカットして、形を整える。

6

テグスを半分に折り、パールを通し、刺しゅう糸を通す。

7

テグスを引っ張ってパールを刺しゅう糸に通す。同様にビーズも通す。

C. 革風タッセル

材料
スキバル…11×22cm
割ピン…1個

1

スキバルを半分に折り、しっかりとボンドで貼り合わせる。

2
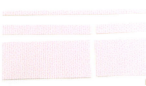
貼り合わせた端の5mmは切り捨て、スキバルを1cm、3.5cm、5mmのパーツを切り出し、1cmと3.5cmのパーツはさらに半分に切る。

3

3.5cmのパーツを2枚重ね、幅1cm残し2mm間隔で切り込みを入れる。

4

端から1cmにボンドを塗り、2で切り分けた5mmのパーツの端にグルグル巻く。

5

1cmのパーツにボンドを塗り、4のふさの根元にグルグル巻く。必要に応じてクリップで留めておく。

6

タッセル部分を広げて形を整える。反対側も同様にタッセルを作る。

7

ひもをリボンの形に整え、中央を割ピンで留める。

8

本体に貼る場合は、特殊ボンドなど生地に染みにくい接着剤を使うとよい。

1. ブックスタンド 生地1枚で作れる!

仕上がりサイズ　縦16×横16×高さ16

道 具
* 基本セット（P.30）のみ

製 図
【1mm厚紙】

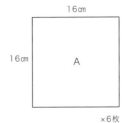

材 料　　　　　　　　　　　縦×横
* 生地1／青無地…60×35
* リボン（支え用・1cm幅）…8
* リボン（飾り用）…35
* ぼんぼんタッセル…1個

配 置

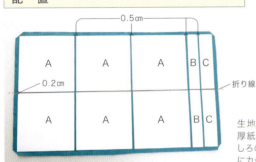

生地1に、写真のように厚紙を並べて貼り、のりしろの角4か所を45度にカットする。

1
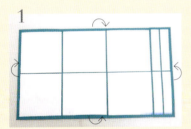

4辺ののりしろを折り返して貼る。

2
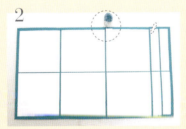

支え用のリボンを斜め45度になるように貼り、水貼りテープで補強する。好みでぽんぽんタッセル（P38参照）を同様に貼り付ける。

3
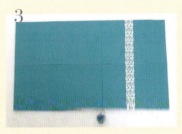

表側に、好みで飾りリボンを貼り付ける。

4
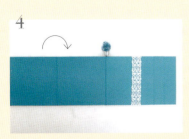

厚紙にボンドを塗り、半分に折って貼り合わせる。

5

3でつけた支え用リボンを厚紙Cの間にヘラで押し込んで貼る。

6

お好みでブレードなどを貼り、完成。

生地1枚で作れる！

2. カードケース　3. 袱紗

仕上がりサイズ　縦11×横6(縦20×横12)　※()内は袱紗の表記です

道　具
* 基本セット(P.30)のみ

材　料　　　　　　　　　　縦×横
* 生地1／紺無地…13×32(23×57)

カードケース
* リボン(飾り用)…13

袱紗
* ブレード…22
* チャーム…1個

製　図
【1mm厚紙】

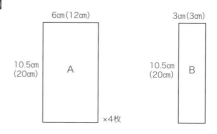

配　置

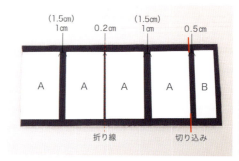

生地1に、写真のように厚紙を並べて貼り、切り込みを入れる。

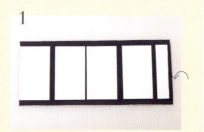

1 厚紙B側の短辺ののりしろを折り返して貼る。

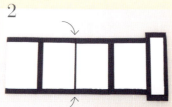

2 長辺2辺ののりしろを折り返して貼る。

3 厚紙Aにボンドを塗り、半分に折り返して貼り合わせる。

4 厚紙Bの部分を折り、のりしろにボンドを塗り、ヘラで厚紙Aの間に押し込む。名刺をたくさん入れる場合は、このときに入れてみて厚みを確保するとよい。

5 同様に、飾り用リボンを貼る。

6 完成。袱紗の場合は、チャームを特殊ボンドで貼る。

4. コインケース 生地1枚で作れる!

仕上がりサイズ　縦8×横8×厚み1

道　具
* 基本セット（P.30）のみ

材　料　　　　　　　　　　　　縦×横
* 生地1／青花柄…54×10

製　図

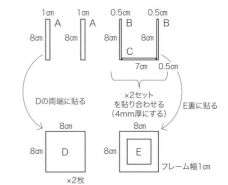

配　置

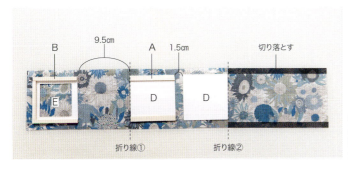

生地1に、写真のように厚紙を並べて貼り、厚紙の延長上のグレー部分の生地を切り落とす。

1
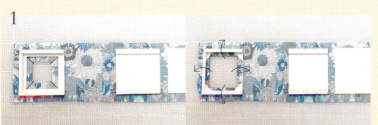

厚紙Eのフレーム内の生地を、のりしろ1cm残してカットし、角4か所に45度に切り込みを入れ、折り返して貼る。

2
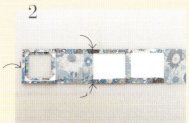

厚紙E側ののりしろの角2か所を45度にカットし、短辺1辺と長辺2辺を折り返して貼る。

3
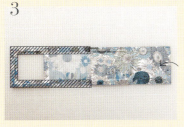

配置を参考に折り線②の位置で折り返して生地を厚紙Dに貼る。斜線部分にボンドを塗る。

4

配置を参考に折り線①の位置で折り返して、半分に貼り合わせる。

5

完成。

5. IDケース 生地1枚で作れる！

仕上がりサイズ　縦7×横10

道具
* 基本セット(P.30)のみ

材料　　　　　　　縦×横
* 生地1／ピンク花柄…23×12
* リボン…5

製図
【1mm厚紙】

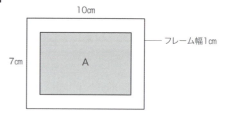

フレーム幅1cm

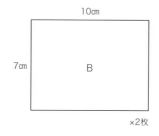

×2枚

配置

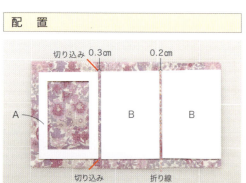

生地1に、写真のように厚紙を並べて貼り、切り込みを入れる。

1

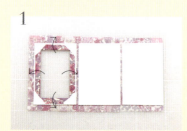

厚紙Aのフレーム内の生地はのりしろ1cm残してカットし、角4か所に45度の切り込みを入れる。フレーム内ののりしろを折り返して貼る。

2

厚紙A側の短辺ののりしろを折り返して貼る。

3

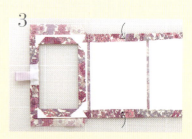

写真の位置にリボンを貼り、水貼りテープで補強する。配置を参考に切り込みを入れ、長辺2辺を折り返して貼る。

4

折り線の位置で折り、貼り合わせる。

5

半分に折り、残ったのりしろにボンドを塗り、ヘラで厚紙の間に押し込む。

6

完成。

6. パスケース 生地1枚で作れる！

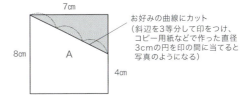

仕上がりサイズ　縦10×横7

道具
* 基本セット（P.30）のみ

材料　　　　　　　　　　縦×横
* 生地1／紫無地…30×9
* リボン…5
* リボン（飾り用）…20

製図
【1mm厚紙】

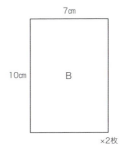

お好みの曲線にカット
（斜辺を3等分して印をつけ、コピー用紙などで作った直径3cmの円を印の間に当てると写真のようになる）

7cm / 8cm / 4cm / A

7cm / 10cm / B
×2枚

配置

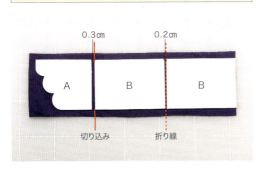

0.3cm　0.2cm
A　B　B
切り込み　折り線

生地1に、写真のように厚紙を並べて貼り、切り込みを入れる。

1
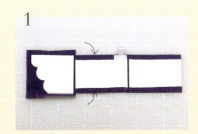

長辺2辺ののりしろを折り返して貼る。写真の位置にリボンを貼り、水貼りテープで補強する。

2
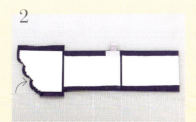

短辺の斜辺ののりしろの余分をピンキングばさみでカットし、折り返して貼る。

3
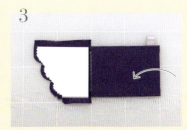

厚紙Bにボンドを塗り、折り返して貼り合わせる。

4

厚紙Aを折り返し、のりしろにボンドを塗り、ヘラで厚紙の間に押し込む。

5

飾り用のリボンを貼り、同様に折り込む。

6

完成。

7. スマートフォンケース　生地1枚で作れる！

仕上がりサイズ　縦14×横7.5×厚み2

道具
* 基本セット（P.30）のみ

材料　縦×横
* 生地1／紫ストライプ…44×12
* リボン（飾り用）・ぽんぽんタッセル…お好みで

製図
【1mm厚紙】

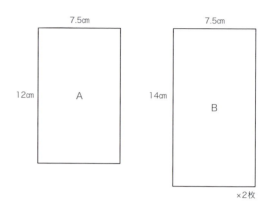

×2枚

配置

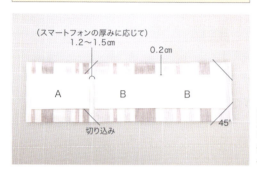

生地1に、写真のように厚紙を並べて貼る。切り込みを入れ、厚紙B側の短辺ののりしろを45度にカットする。

1

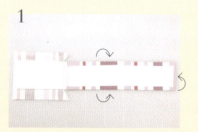

短辺1辺と長辺2辺ののりしろを折り返して貼る。

2

のりしろの三角部分を折り返して貼る。このとき、角がほつれないようにボンドを塗っておく。ぽんぽんタッセル（P.38参照）を貼り、水貼りテープで補強する。

3

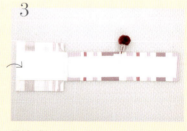

厚紙A側の短辺ののりしろを折り返して貼る。

4

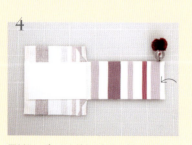

厚紙Bにボンドを塗り、半分に折って貼り合わせる。

5

厚紙Aを折り返し、のりしろのふちにボンドを塗り、ヘラで厚紙の間に押し込む。このとき、スマートフォンを入れて作業するとよい。

6

完成。

8. 植木鉢カバー　9. ロールペーパーカバー

生地1枚で作れる！

仕上がりサイズ　直径10×高さ8（直径11×高さ12）　※()内はロールペーパーカバーの表記です

道具
* 基本セット（P.30）のみ

材料　　　　　　　　　縦×横
* 生地1／黒チェック…18×38（25×42）

製図
【0.8mm厚紙】

```
        36cm(40cm)
8cm
(11.5cm)    A

              ↕ 紙の目

        35cm(39cm)
8cm
(11.5cm)    B
```

配置

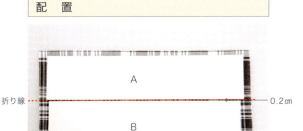

折り線　　　　　　　　　　0.2cm

生地1に、写真のように厚紙を並べて貼る。

1

4辺ののりしろの角を45度にカットする。

2

すべてののりしろを折り返して貼る。

3
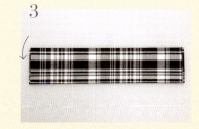

厚紙Aにボンドを塗り、半分に折ってAとBを貼り合わせる。

4

ボンドが乾く前に厚紙Bが内側になるように丸め、輪ゴムで一晩留めておく。

5

完成。

10. タブレット端末＆スマートフォンスタンド

仕上がりサイズ　縦10×横10×高さ5

道　具

* 基本セット（P.30）、めうち、ドライバー

材　料　　　　　　　　　　　縦×横

* 画用紙1（外底）…直径9.8
* 生地（土台A）／紫無地…12×12
* 生地2（側面C）／紫無地…12×7　2枚
* 生地3（側面B）／紫柄…12×12
* ギボシ…1個

製　図

【2mm厚紙】

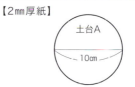

土台A
10cm

【1mm厚紙】

側面B　　　　　　側面C

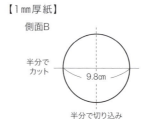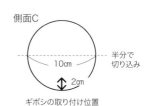

半分でカット　9.8cm　　　　10cm　半分で切り込み　2cm

半分で切り込み　　　ギボシの取り付け位置

手　順

1

土台Aに生地1を貼り、ピンキングばさみでのりしろ5mm残して余分をカットし、のりしろを折り返して貼る。裏に画用紙1を貼る。

2

側面Bを半分に折った状態で、生地2を貼り、ピンキングばさみでのりしろ5mm残して余分をカットし、角2か所を45度にカットし、のりしろを折り返して貼る。これを2個作る。

3

側面Cを半分に折った状態で生地3を貼り、ピンキングばさみでのりしろ5mm残して余白をカットし、のりしろを折り返して貼る。

4

側面Cにギボシで穴をあけ、土台Aにあてて穴から印をつける。土台Aをギボシの厚み分、厚紙を削りとる。側面Cにギボシをつける（P.34【ギボシのつけ方】参照）。

5

側面Cの裏にボンドを塗り、半分を土台Aに貼る。

6

側面B2枚を、立ち上がっている側面Cの残りの半分に貼る。このとき、側面Bの下辺の断面にもボンドを塗り、土台Aに貼る。

7

出来上がり。

11. 星のトレイ 生地2枚で作れる！

仕上がりサイズ　縦13×横13×高さ5（縦17×横17×高さ6、縦20×横20×高さ7）

道 具
* 基本セット（P.30）のみ

材 料　　　　　　　　　縦×横
* 裏打紙1（本体内側面）
  …1辺が12（16、19）の5角形
  （厚紙をトレースして5mm内側をカット）
* 生地1（外側面）／
  ピンク無地…22×23（28×29、33×34）
* 生地2（内側面）／
  ピンク星柄…21×22（27×28、32×33）

製 図

【2mm厚紙】

［5角形の製図の仕方］
分度器で108度を測り、1辺の長さを取る。

13cm
(17cm)
(20cm)

切り込みの入れ方

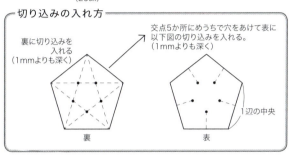

厚紙に切り込みを入れてしっかり折り目をつけ、星型にする。一度広げて、外側面に生地1を貼り、のりしろ1cm残して余分をカットする。P.58を参考に角をつまんでカットする。

手 順

1

2　5辺ののりしろを折り返して貼る。

3　再び、星型になるように、厚紙を折り曲げる。ボンドが乾くと折るのが難しくなるので、生地1を貼ってからすぐに形を作る。輪ゴム5本で留めて、星型にした状態でボンドを乾かす。

4　裏打紙1を本体内部に入れてサイズを確認し、生地1に貼り、のりしろ1cm残して余分をカットする。それぞれの角を落とし、5辺ののりしろを折り返して貼る。

5　折り線に合わせて、アイロンで折り目をつける。

6　本体内側面に、通常の倍程度のボンドを塗る。内側面の生地裏のふち1cmにボンドを塗り、本体内側面に貼る。

7　再び輪ゴムで留めて、一晩ボンドを乾かして完成。

12. メガネ＆ペンケース　13. 小物入れ

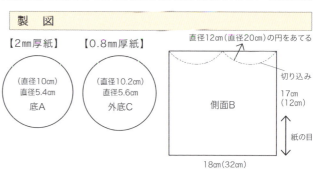

仕上がりサイズ　縦6×横6×高さ17（縦10×横10×高さ12）※（）内は小物入れの表記です。作り方はメガネ＆ペンケースと同様です。

道具
* 基本セット（P.30）のみ

材料　縦×横
* 生地1（内底）／茶無地…8×8（12×12）
* 生地2（内側面）／茶無地…17×20（12×34）
* 生地3（外側面）／茶ストライプ…20×20（15×34）
* 生地4（外底）／茶無地…8×8（12×12）

製図

【2mm厚紙】
（直径10cm）
直径5.4cm
底A

【0.8mm厚紙】
（直径10.2cm）
直径5.6cm
外底C

側面B
直径12cm（直径20cm）の円をあてる
切り込み
17cm（12cm）
紙の目
18cm（32cm）

1

底Aに生地1を貼り、ピンキングばさみでのりしろ5mmを残してカットし、のりしろを折り返して貼る。

2

短辺はのりしろ1cmを残し、長辺ののりしろはとらずに、側面Bに生地2を貼る。短辺1辺ののりしろを折り返して貼る。反対の2cmは生地を浮かせておく。

3

底Aの周囲に側面Bを丸めて囲み、厚紙の長さを調整する。このとき、のりしろを折り返していない側の厚紙をカットし、浮かせておいた生地を貼る。

4

側面Bの長辺の中央に印をつける。

5

コピー用紙に直径12cmの円を描いてカットする。側面Bの長辺にあて、ふちをトレースして印をつけ、カッターで切り込みを入れる。

6

底Aの断面と側面Bの短辺にボンドを塗り、内側面の生地ののりしろを貼り、組み立てる。貼り合わせた部分に水貼りテープを貼り、補強する。テープの上部は三角にカットする。

7

生地3の短辺ののりしろを折り返して貼り、上辺ののりしろを2cm残して、本体外側面に貼る。貼り始めは2cmほど浮かせておき、貼り終わりを入れ込んで貼る。

8

底辺はのりしろを5mm残してピンキングばさみでカットし、折り返して貼る。

9

上辺ののりしろ1cmにボンドを塗り、折り返して貼る。

10. さらに、折り返した上辺ののりしろ1cmにボンドを塗り、本体に折り返して貼る。

11. 外底Cに生地4を貼り、ピンキングばさみでのりしろ5mmを残してカットし、折り返して貼る。本体外底の中央にはぎれを貼って厚みを均等にしてから、本体外底に貼るとよい。

12. 5で上辺に入れた切り込み部分を内側に折り、ふたをして完成。

14. ラウンドバッグ

仕上がりサイズ　縦14×横22×高さ14(持ち手含まず)

道具

* 基本セット(P.30)、めうち、ペンチ、カシメの打ち具、金槌

材料

縦×横

* 裏打紙1（内側面A）…13×13　（側面Aをトレース）2枚
* 裏打紙2（内側面B）…30×21.2
* 生地1（外側面B）／黄ストライプ…47×24
* 生地2（外側面A）／黄ストライプ…15×15　2枚
* 生地3（持ち手）／黄ストライプ…22×6
* 生地4（内側面A）／白柄…15×15　2枚
* 生地5（内ぶた・ちょうつがい）／白柄…23×16
* 生地6（内側面B）／白柄…32×24
* マグネット…1個
* カシメ…2個
* タッセル…1個

製図

【2mm厚紙】

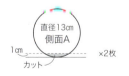

直径13cm 側面A
1cm カット ×2枚

【0.8mm厚紙】

側面D ×2枚
側面Aを組み立て後にトレース

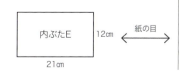

内ぶたE　12cm　紙の目
21cm

【1mm厚紙】

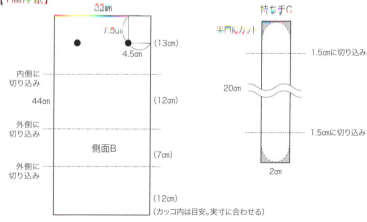

22cm
7.5cm
4.5cm
(13cm)
内側に切り込み
44cm
(12cm)
外側に切り込み
側面B
(7cm)
外側に切り込み
(12cm)
(カッコ内は目安。実寸に合わせる)
紙の目

持ち手C
半円にカット
1.5cmに切り込み
20cm
1.5cmに切り込み
2cm

1
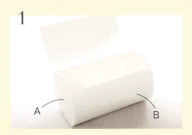
側面Aの断面にボンドを塗り、側面Bのふた以外を貼り合わせ、写真のように組み立てる。

2

生地1を外側面Bに貼り、写真の位置に切り込みを入れる。曲線部分はのりしろ1cmを残してピンキングばさみでカットする。

3

のりしろに切り込みを入れ、底辺の角2か所をつまんでカットする。

4

側面Aののりしろを折り返して貼る。

5

ふたの角2か所を45度にカットし、のりしろを折り返して貼る。

6

側面Dに生地2を貼り、のりしろ1cm残して余分をピンキングばさみでカットし、角2か所をカットする。

7

6を本体の外側面Aにあてて位置を確認してから、のりしろに切り込みを入れ、下部ののりしろを折り返して貼る。

8

7を本体外側面Aに貼り、上部ののりしろは本体内側面に折り返して貼る。

9

持ち手Cに生地を貼り、切り込みの位置で折り目をつけた曲線を作る。

10
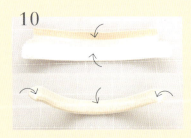
のりしろを折り返して貼る。曲線部分はのりしろ5mm残してピンキングばさみでカットし、折り返して貼る。下の写真は、すべてののりしろを折り返したところ。

11

持ち手Cの両端に、めうちで穴をあける。本体ふたにも穴をあける。

12

カシメ（P34参照）を使って持ち手Cを本体ふたに取りつける。

13
裏打紙1を本体内側面Aにあててサイズを調整し、生地4を貼る。のりしろ5mm残して余分をカットする。本体にあてて位置を確認してから切り込みを入れ、上部だけのりしろを折り返して貼る。底辺の2か所をカットする。

14
下部と横ののりしろは残したまま、本体内側面Aに貼る。

15
内ぶたEに生地5を貼り、上辺の角2か所を45度にカットし、3辺ののりしろを折り返して貼る。

16
ふた裏にマグネット（凸）を取り付ける（P.34参照）。取りつける位置を確認し、カッターで切り込みを入れる。

17
マグネット（凸）の足を差し込み、ペンチで折り曲げて固定する。

18
裏にタッセルを取りつけ、水貼りテープで補強する。

19
内ぶたFを本体ふた裏に貼る。

20
マグネット（凸）にボンドを塗ってふたを閉め、跡をつける。

21
跡をつけた位置に切り込みを入れ、マグネット（凹）を取りつける。

22
裏打紙2を本体内側面Bにあててサイズを調整し、生地6を貼る。角4か所ののりしろを45度にカットし、折り返して貼る。

23
22を本体内側面に貼り、完成。

15. プチバッグ

仕上がりサイズ　縦12×横17×高さ13(持ち手含まず)

道具

* 基本セット(P.30)のみ
* ペンチ

材料　　　　　　　　　　　縦×横

* 裏打紙1（内底）…11.9×16.5
* 裏打紙2（内側面D）…12×12（Dをトレースして調整）2枚
* 裏打紙3（内側面C）…12×17（Cをトレースして調整）2枚
* 生地1（外側面）／オレンジ無地…54×45
* 生地2（持ち手）／オレンジ無地…6×25
* 生地3（内ぶた）／茶色柄…17×17
* 生地4（内底）／茶色柄…14×19
* 生地5（内側面D）／茶色柄…14×14　2枚
* 生地6（内側面C）／茶色柄…14×19　2枚
* 金具（マグネット）…1個
* リボン（飾り用）…30
* チャーム（飾り用）…1個

製図

【2mm厚紙】

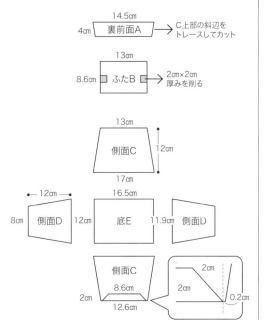

【1mm厚紙】

持ち手F　×2枚
紙の目

【0.8mm厚紙】

前面裏G
前面Aをトレースして2mm内側をカット

ふた裏H　8.4cm
12.5cm

外側面I　12cm
8.4cm
12.4cm　×2枚
（側面Dを組み立て後にトレース）

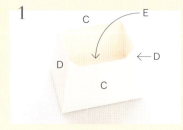

1　側面C、D、底Eを組み立てる

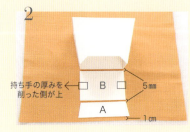

2　生地1に、1で組み立てた本体と、ふた前面A、ふたBの厚紙を並べて貼る。間はそれぞれ5mmあける。生地の端とAの間はのりしろ1cmを取る。

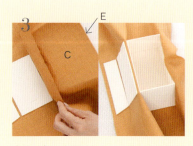

3　生地を底Eと側面Cにかぶせるようにして貼る。

4

側面Cの左右の斜辺にピッタリと合わせて、外側面Iを生地に貼る(2枚)。

5
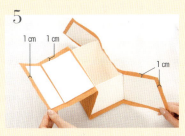
厚紙の周りの生地は、のりしろ1cmを残してカットする。

6
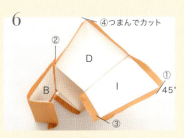
外側面Iの角①の生地を45度にカットする。そのあと、図のように②に切り込みを入れ、③と④の角をカットする。

7

外側面Iの上辺ののりしろだけ残して、他ののりしろを折り返して貼る。

8

外側面Iを側面Dに貼る。反対側の外側面Iも、同様に貼る。

9

ふた前面Aの角を45度にカットし、3辺ののりしろを折り返して貼る。

10
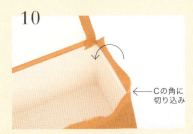
本体の開口部は、側面CとDの角に内側面の延長線上になるようにはさみで切り込みを入れ、側面Dの上部のりしろを折り返して貼る。

11

側面Cの凹み部分にも、角度に対して均等になるようにはさみで切り込みを入れる。

12

側面Cの前面の凹んだ部分に、あて布をする。

13
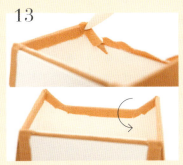
角にヘラで跡をつけ、余分なのりしろをカットして、上辺を折り返して貼る。

14

持ち手Fを丸く曲げて2枚を貼り合わせる。はみ出た内側の厚紙はカットする。

15

生地2は長辺1cmを折り返して貼り、持ち手の裏から持ち手Fをくるむように貼る。短辺ののりしろは、生地同士を貼り合わせておく。

16
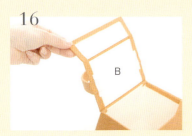
ふたBの厚みを削った箇所に、持ち手を貼る。持ち手の両端がぐらぐらしないように、ふたBの断面にもボンドを塗るとよい。水貼りテープで補強する。

17
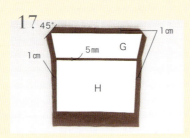
前面裏Gとふた裏Hを5mmあけて生地3に貼り、周囲ののりしろを1cm残してカットする。前面裏Gの角を45度にカットする。

18

図のように3辺ののりしろを折り返して貼る（ふた裏Hの下ののりしろは折り返さない）。

19

前面裏Gの生地を貼った面にマグネットの凸部分を取りつける（差し込んで裏で足を折る）。

20

ふた裏に、前面裏Gを貼る。側面C（前面）にマグネットの凹部分を取りつける（P.35【マグネットのつけ方】参照）。

21
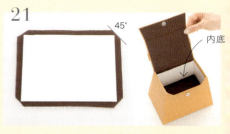
裏打紙1に生地4を貼り、角4か所を45度にカットし、のりしろを残したまま内底に貼る。

22

裏打紙2に生地5を貼り、のりしろ1cmを残して周囲をカットしたら、角4か所を45度にカットし、上辺と下辺を折り返して貼る。内側面Dに貼る（2枚）。

23
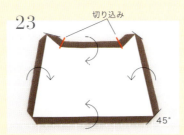
裏打紙3の1枚を側面Cにあててサイズを調整し、生地6を貼り、のりしろ1cmを残して周囲をカットする。角を45度にカットし、凹み部分の角に切り込みを入れて、全辺のりしろを折り返して貼る。

24
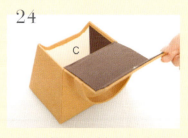
のりしろを折り返した裏打紙3を、内側面Cに貼る。

25

裏打紙3のもう1枚を生地6に貼り、のりしろ1cmを残して周囲をカットする。角4か所を45度にカットし、全辺のりしろを折り返して貼る。内側面Cに貼る。

26

ふた前面にリボンを貼り、端はふた前面Aと前面裏Gの間に入れ込む。

27

飾り用のリボンとチャームを貼り、完成。

16. マジックBOX

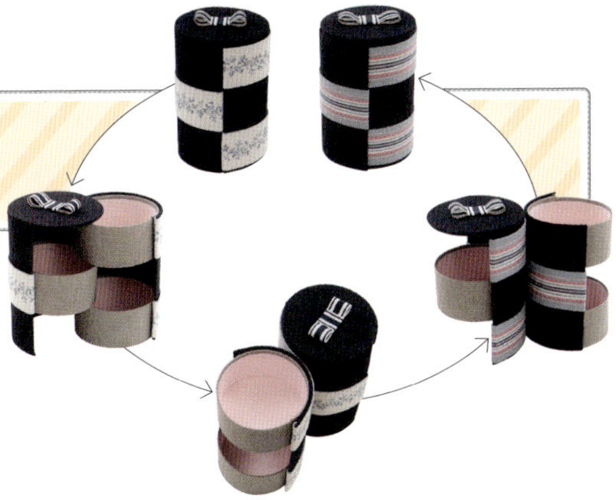

仕上がりサイズ　直径11×高さ16

道　具

* 基本セット（P.30）のみ

材　料　　　　　　　　　　　　　縦×横

* 裏打紙1（本体ふた裏）…直径10.8
* 裏打紙2（本体内側面B）…15.6×16
* 裏打紙3（本体内側面C）…15.4×16
* 裏打紙4（中箱内底）…直径10　3枚
* 裏打紙5（中箱内側面）…4.2×32　3枚
* 裏打紙6（外帯）…4.8×23　6枚
* 画用紙1（中箱外底）…直径10　3枚
* 生地1（外側面B、C）／デニム無地…18×19　2枚
* 生地2（ふた）／デニム無地…13×13
* 生地3（ふた裏）／紺無地…13×13
* 生地4（内側面B、C）／紺無地…18×18　2枚
* 生地5（中箱外側面）／グレーストライプ…7×35　3枚
* 生地6（中箱内底）／白無地…12×12　3枚
* 生地7（中箱内側面）／白無地…6×34　3枚
* 生地8（外帯1）／青花柄…7×23　3枚
* 生地9（外帯2）／青ストライプ…7×23　3枚

製　図

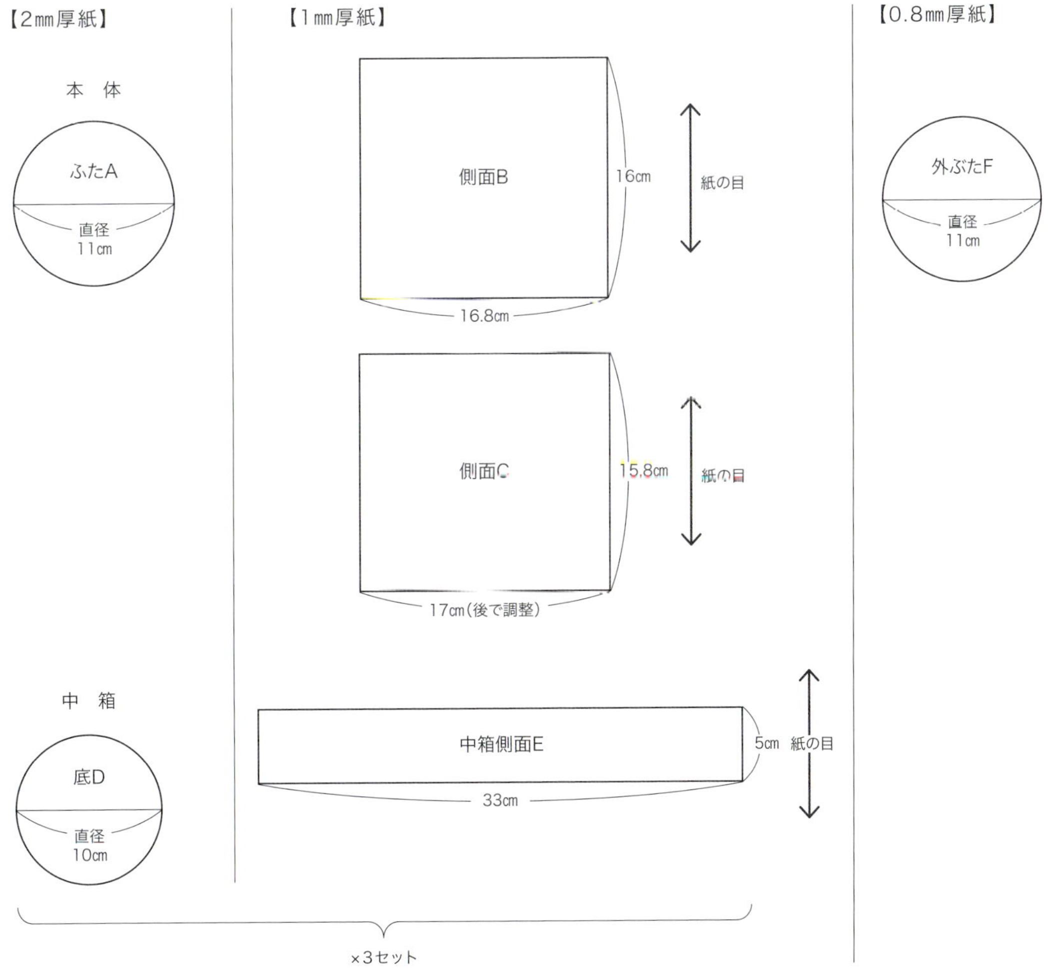

【2mm厚紙】

本　体

ふたA
直径11cm

【1mm厚紙】

側面B　16cm　紙の目
16.8cm

側面C　15.8cm　紙の目
17cm（後で調整）

【0.8mm厚紙】

外ぶたF
直径11cm

中　箱

底D
直径10cm

中箱側面E
33cm　5cm　紙の目

×3セット

1

底Dの周囲を中箱側面Eで囲み、長さを調整しカットする。底Dの断面にボンドを塗り、Eを巻くようにして貼り、Eの端と端の断面を水貼りテープで貼り合わせる。

2

中箱を3個作る。側面Bの長辺側の断面にボンドを塗り、ふたAを上にのせて組み立てる。

3

側面Bに生地1を貼り、上辺をのりしろ5mmを残してピンキングばさみでカットする。下部の角2か所は45度にカットする。

4
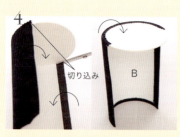
写真のとおりに、のりしろにまっすぐ切り込みを入れ、のりしろを折り返して貼る。

5

外ぶたFに生地2を貼り、のりしろ7mmを残してピンキングばさみでカットする。本体にあてて側面Bのサイズに合わせて切り込みを入れ、半分だけのりしろを折り返して貼る。

6

5で残したのりしろの端を三角に折り返して貼り、外ぶたFを外ぶたAの上に貼る。

7

外ぶたFの残り半分ののりしろを、ふた裏に折り返して貼る。

8

裏打紙1に生地3を貼り、のりしろ5mmを残してピンキングばさみでカットする。本体ふた裏にあてて、側面のサイズで切り込みを入れ、手前半分ののりしろを折り返して貼る。

9

8を本体ふた裏に貼る。残した半分ののりしろは、本体側面に貼る。

10

裏打紙2を側面Bにあててサイズを調整し、生地4を貼り、角4か所を45度にカットし、4辺ののりしろを折り返して貼る。それを内側面Bに貼るが、両端2cmは貼らずに浮かせておく（後で帯を挟むため）。

11

側面Cを、側面Bの曲線に沿わせて形作り、長さを調整する。生地1を貼り、角4か所を45度にカットし、4辺ののりしろを折り返して貼る。裏打紙3と生地4を10と同じ要領で作り、内側面Cに貼り、両端2cmは貼らずに浮かせておく。

12

生地5の短辺1辺を折り返して貼る。中箱の外側面に、のりしろを折り返した短辺から貼り始め、反対側を下に入れ込んで重ねて貼る。

13

12の下辺をのりしろ5mmを残してピンキングばさみでカットし、のりしろの重なりを切り落とし、外底に折り返して貼る。その上に画用紙1を貼る。

14

中箱の上辺ののりしろを内側面に折り返して貼る。

15
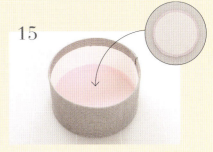
裏打紙4に生地6を貼り、のりしろ5mmを残してピンキングばさみでカットし、中箱の内底に貼る。のりしろは中箱の内側面に貼る。

16
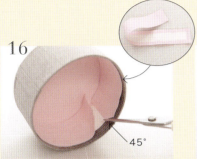
裏打紙5に生地7を貼り、角2か所を45度にカットし、短辺1辺を残して3辺を折り返して貼る。中箱の内側面に、のりしろを折り返した短辺から貼り始め、反対側を下に入れ込んで貼る。

17

これで中箱が1つ完成。残りの中箱2つも同様に作る。

18
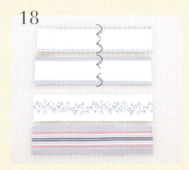
裏打紙6に生地8と生地9を3枚ずつ、上下の長辺にのりしろ1cmを残して貼る。のりしろを折り返して貼る。

19

表と裏に異なる柄がくるように、外帯を貼り合わせ、3枚の外帯を作る。

20

外帯2枚を、浮かせておいた本体内側面の端に入れ込み、間に1枚、残した外帯がすれ違える幅があることを確認してから、内側面をかぶせて貼る。

21

外帯2枚の上に内側面Cを乗せ、サイズと動きを見ながら、外帯2枚の端を内側面Cの浮かせた部分に折り曲げて入れ込むようにして貼り、クリップで押さえる。

22

外帯2枚の間に、残りの1枚の外帯を配置し、内側面Cの浮かせた部分に入れ込むようにして貼る。

23

中央の外帯1枚は、本体の外側面をグルリと覆うようにし、端を折り曲げて貼り、クリップで押さえる。きちんと回転するか、確認する。

24

外帯3枚がしっかり接着したら、中箱3つを写真のように内側面に貼り、完成。

17. ダストBOX

仕上がりサイズ　縦20×横20×高さ24

道具
* 基本セット（P.30）、方眼定規

材料　　　　　　　　　　縦×横
* 裏打紙1（内底）…19.6×19.6
* 裏打紙2（内側面）…23.4×79
* 生地1（外側面）／紫花柄…27×83
* 生地2（外底）／紫無地…22×22
* 生地3（内底）／紫無地…22×22
* 生地4（内側面）／紫無地…26×81
* 生地5（支）／紫無地…5×23　2枚
* 生地6（ふた）／紫無地…22×22
* 生地7（ふた裏）／…紫ストライプ　22×22
* リボン（飾り用）…82
* ブレード（飾り用）…82

製図

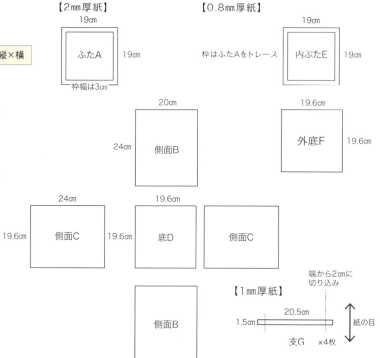

1. 底Dの断面にボンドを塗り、側面BとCを貼り、箱を組み立てる。

2. 上辺と下辺にのりしろ1cmを取り、外側面に生地1を貼る。貼り終わりは生地1cmを折り返し、重ねて貼る。

3. 外底の角ののりしろをつまんでカットする。

4. 貼り始めの生地の重なりは、内側の余分な生地をカットして、折り返して貼る。

5. 上辺の前後ののりしろに、ふちから2mmを離して、内側面の延長線上に切り込みを入れ、左右ののりしろを内側面に折り返して貼る。

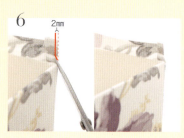

6. のりしろの重なり部分は、厚紙のふち2mmに重ならないよう斜め45度に切り込みを入れ、2mm分、カットする。

7

生地の重なり部分は内側をカットし、のりしろを内側面に折り返して貼る。

8

外底Fに生地2を貼り、角を4か所をカットし、のりしろを折り返して貼り、外底に貼る。

9

裏打紙1に生地3を貼り、角を45度にカットする。本体内底と側面の下から1cmにボンドを塗り、裏打紙1はのりしろを残したまま内底に落とすように貼る。

10

裏打紙2に生地4を貼り、一方の短辺の角2か所を45度にカットし、もう一方の短辺を残し、のりしろ3辺を折り返して貼る。本体内側面にボンドを多めに塗り、裏打紙2ののりしろを折り返した短辺から貼り始める。上部ののりしろの重なりを45度にカットし、貼り始めの生地の下に入れ込む。

11

生地5の上に切り込みを入れた2枚の支Gを配置し、角4か所を45度にカットし、4辺ののりしろを折り返して貼る。支Gを合わせるように生地を折りたたみ、支G2枚を貼り合わせる。

12

支Gの切り込み部分を折り曲げ、湾曲させ、本体内側面の上辺から1cm下に貼る。

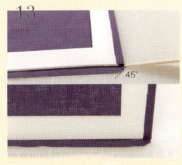

13

ふたAが本体に入ることを確認し、生地6を貼り、角を45度にカットし、のりしろを折り返して貼る。角の生地がきれいに折れるように、厚紙を立てて押しつけるように貼る。

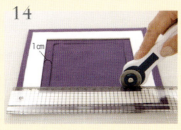

14

内側ののりしろをふちから1cm残してカットする。

15

角は45度に切り込みを入れる。

16

角にあて布を貼り、のりしろを折り返して貼る。

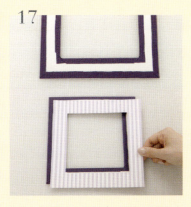

17

同様に内ぶたEも仕上げて、ふたAに貼り合わせる。

18

本体側面にお好みでリボンとブレードを貼り、完成。内側面の支えにはビニール袋を引っかける。

59

18. エンボスの箱

仕上がりサイズ　縦14×横18×高さ6

道具

* 基本セット（P.30）、方眼定規

材料　　　　　　　　　縦×横

* 裏打紙1（内底）…12×16
* 裏打紙2（内側面）…56×4
* スキバル1（ふた箱）…33×22
* スキバル2（底箱）…45×28
* スキバル3（ふた内側面）…1.7×42

* 生地1（内底）／ストライプ…14×18
* 生地2（内側面）／白無地…58×6
* 生地3（内ぶた）／白無地…14×18
* リボン（ふた支え用／6mm幅）…20
* リボン、ビジュー（飾り用）…お好みで

製図

【2mm厚紙】

ふたA　18cm × 14cm

底B　16cm × 12cm

【10mm厚紙（スチレンボード）】

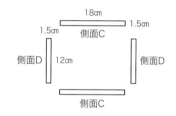
側面C　18cm　側面D　12cm　（1.5cm）

側面E　18cm　側面F　12cm　4.5cm

【0.8mm厚紙】

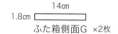
ふた箱側面G　14cm × 1.8cm　×2枚

底箱側面H　14cm × 4.5cm　×2枚

内ぶたI　15.8cm × 11.8cm

【1mm厚紙】

エンボスJ　18cm × 14cm

枠はふちから1.5cm内側に線を引き、さらに0.3cm内側に線を引き、アルファベットもトレースし、カットする。
→P.36【エンボスの入れ方】を参照

1

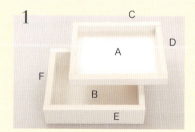

ふたAの上に側面C、Dをのせて貼り、ふた箱を組み立てる。底Bの周囲を側面E、Fで囲むように貼り、底箱を組み立てる（C～Fはスチレンボードを使用）。

2

アルファベットなどのデザイン文字や枠をトレースして、エンボスJを切り抜き、ふたAに貼る（切り抜いたどちらを貼ってもOK。この本では凹凸で2箱を作っています）。

3

ふた箱側面Gと底箱側面Hをそれぞれサイズ調整し、それぞれの箱の短辺側面に貼る。

4
スキバル1をふた箱にあて、側面を折り曲げ、縦に折り目を2本つける。側面からはみ出ないように余分をカットする。

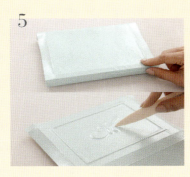

5
ふた箱の外側面をぐるりと包むようにスキバルを貼る。スキバルの端ははみ出さないようにピッタリと貼り合わせる。エンボス部分をヘラでなぞり、文字をくっきりさせる。

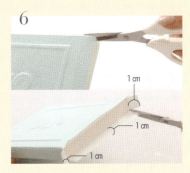

6
側面のスキバルに切り込みを入れ、上辺を残し、3辺はのりしろ1cmを残して余分をカットする。

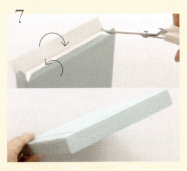

7
角を2か所、外側からつまんでカットし、3辺ののりしろを折り返して側面に貼る。上辺のスキバルを3辺ののりしろにかぶせるようにしてピッタリと貼る。

8
ふた内側ののりしろ1cmを残して余分をカットする。

9
角4か所に45度の切り込みを入れ、内側に折り返して貼る。

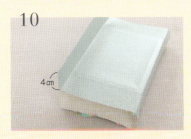

10
底箱も4〜9と同じ要領でスキバルに折り目をつけて貼るが、貼り始めにのりしろ4cmを残して上辺から貼り、貼り終わりのスキバルを4cm分に貼り合わせ、ちょうつがいを作る。

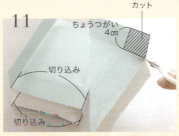

11
ふた箱と同様に、側面4か所にまっすぐ切り込みを入れる。ちょうつがい4cmは写真のようにカットする。

12
側面のスキバルは上辺を残し、横と下の3辺はのりしろ1cmを残して余分をカットし、3辺ののりしろを折り返して側面に貼る。

13
残しておいた上辺を折り返して、3辺ののりしろにかぶせるように貼る。

14
底箱内側も8と同様にのりしろ1cmを残して余分をカットし、角4か所に45度の切り込みを入れ、内側面に折り返して貼る。

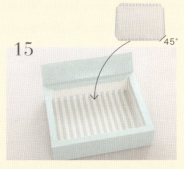

15
裏打紙1に生地1を貼り、角4か所を45度にカットし、底箱の内底に落として貼る。のりしろは内側面に貼る。

16

ふた支え用のリボンを側面に貼り、水貼りテープで補強する。

17

裏打紙2に生地2を貼り、一方の短辺の角2か所を45度にカットし、もう一方の短辺1辺を残して3辺ののりしろを折り返して貼る。

18

底箱の内側面に、のりしろを折り返した短辺から貼り始め、反対側（のりしろを折り返していない1辺）を下に入れ込んで貼る。

19

じゃばら折り
ちょうつがいを、スチレンボードの厚さに合わせて、じゃばらに折る。

20
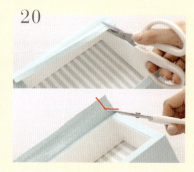
ちょうつがいの両サイドを、底箱の外側面の厚み分だけ斜めにはさみを入れて、内側面の延長線上につながるように切り取る。

21

ちょうつがいを、ふた箱の内側に貼る（特殊ボンドを使うとよい）。

22

ふた支えのリボンをふた裏に貼り、水貼りテープで補強する。

23

ふた裏
スキバル3を、ふた内側面に貼る。スキバルの上辺がはみ出ないように、まずは上辺に合わせて貼っていく。

24

角は、ふた裏に折り曲げる少しののりしろ部分に切り込みを入れてから、ふた裏に貼る。

25

後からヘラで角に押し込むように貼る。

26

内ぶたに生地3を貼り、角4か所をカットし、4辺ののりしろを折り返して貼る。お好みで飾りリボンを貼る。それをふた裏に貼る。

27

お好みでビジューをふた裏に特殊ボンドで貼り、完成。

19 トートバッグ(花柄・白いファー・茶色いファー)

P.05〜06　仕上がりサイズ:縦10×横18×高さ18
使う道具は「基本セット(P.30)」のほかに、
めうち・カシメの打ち具・金槌です。
※材料にある生地の色柄は、トートバッグ(花柄)の例です。

(単位:cm)

ワンポイントアドバイス
ファーをつける場合は、生地を貼り、
持ち手をつけた上にファーを貼るとよい。

材料　　　縦×横

* 裏打紙1(内底)…10×18
* 裏打紙2(内側面)…17.2×56
* 生地1(外側面)/水色柄…20×59
  (2色にする場合は、7×59と13×59)
* 生地2(外底)/水色無地…12×20
* 生地3(内底)/水色無地…12×20
* 生地4(内側面)/水色無地…20×58
* 生地5(持ち手)/水色無地…27×8
* カシメ…2個
* ブレード(飾り用)…60

製図

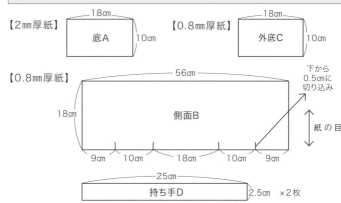

手順

1. 側面Bの下部に切り込みを入れ、底Aの周囲を囲み、組み立てる。正面から見て台形になるように形を整える。側面Bを輪に組み立ててから底Aを中に落としてもよい。→【側面の巻き方】参照
2. 1の外側面に生地1を貼り、上辺と下辺ののりしろを処理する。
3. 外底Cに生地2を貼り、角4か所を45度にカットし、のりしろを折り返して貼る。外底に貼る。
4. 裏打紙1に生地3を貼り、角4か所を45度にカットし、のりしろを残したまま内底に貼る。
5. 裏打紙2に生地4を貼り、角2か所を45度にカットし、短辺1辺を残し、3辺ののりしろを折り返して貼る。本体内側面の正面の裏から貼り始め、一周貼る。
6. 持ち手Dを生地5に間2mmあけて貼り、角4か所を45度にカットし、のりしろを4辺処理する。半分に折り、貼り合わせ、曲線に形を整える。両端から1cmにめうちで穴をあける。→【持ち手の貼り方】参照
7. 本体にめうちで穴をあけ、持ち手をカシメで固定する。→【持ち手の穴位置】参照
8. 飾りブレードを貼り、完成。

《ファーのつけ方》
1. 外側面の上部(白2cm/茶11cm)と内側面上部1cmにボンドを塗り、生地の貼り合わせ位置からファーを貼り始める。
2. 上辺のファーを内側に折り返して貼る。

《バッグチャームのつけ方》
1. お好みのバッグチャームを作り、好きな位置に特殊ボンドで貼る。
　→【バッグチャームの作り方】参照

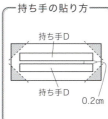
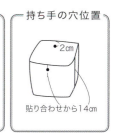

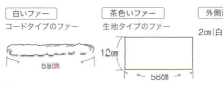
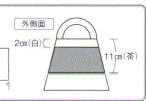

バッグチャームの作り方

トートバッグ(白いファー)　[材料] リボンA(2.5cm幅)…32cm
　　　　　　　　　　　　　　　　リボンB(2.5cm幅)…7cm
　　　　　　　　　　　　　　　　タッセル…1個

1.
図のようにリボンAを折り重ね、間をボンドで留める

2.
中央にリボンBで巻いてボンドで留める

3.
裏にタッセルを貼る。タッセルのひもの先は抜けないように糸を丸めて特殊ボンドで留める

トートバッグ(茶色いファー)
[材料]
リボンA(2.5cm幅)…16cm
リボンB(1cm幅)…12cm
リボンC(1cm幅)…6cm
タッセル…1個
ビジュー…1個

1.
それぞれのリボンを輪にしてボンドで留める

2.
中央にしわが寄るようにしてリボンCで巻いてボンドで留める
裏にタッセル、表にビジューを特殊ボンドで留める

20 バスケットBOX

P.22　仕上がりサイズ：縦20×横17×高さ10
使う道具は「基本セット(P.30)」のみです。

（単位：cm）

製 図

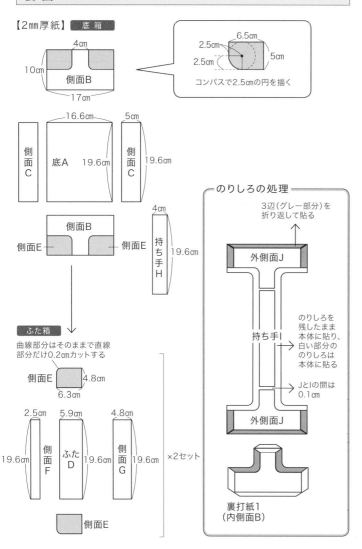

材 料　　　　　　縦×横

* 裏打紙1（内側面B、E）…10×16.6　2枚
  （側面Bをトレースして、B×1枚とE×2枚を切り出し、サイズ調整）
* 裏打紙2（内側面H）…3.7×19.5
* 裏打紙3（内側面C、A、C）…19.3×25.5
* 裏打紙4（内側面F、D、G）…19.3×12.2　2枚
* 生地1（外側面F、D、G、C、A）／ピンク柄…22×62
* 生地2（ちょうつがい）／ピンク柄…20×4　2枚
* 生地3（外側面J、I、J、E）／ピンク柄…43×19　2枚
* 生地4（内側面B、E）／ピンク無地…13×20　2枚
  （裏打紙1を貼り、B×1枚とE×2枚を切り出す）
* 生地5（内側面H）／ピンク無地…6×22
* 生地6（内側面C、A、C）／ピンク無地…22×28
* 生地7（内側面F、D、G）／ピンク無地…22×14　2枚
* リボン（飾り用／1.5cm幅）…60

【配置】

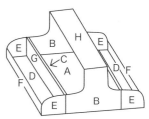

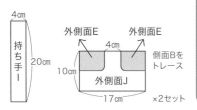

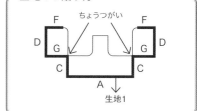

手順…バスケットBOX

1. 底Aの周囲を側面B、Cで囲み、Hを持ち手部分に挟んで貼り、底箱を組み立てる。ふたDの周囲を側面E、G、Fで囲み、ふた箱を組み立てる（2箱）。

2. 生地1を外側面に貼る。
F→D→G→C→A→C→G→D→Fの順番に貼り、周囲ののりしろは1cm、箱と箱の間隔は2mmあける。
→【生地1の貼り方】参照

3. 余分なのりしろをカットし、必要に応じて角に切り込みを入れ、のりしろを折り返して貼る。

4. ちょうつがい部分に生地2を貼り、図の通りに切り込みを入れ、内側面に折り返して貼る。
→P.33【ちょうつがいのつけ方】参照

5. 側面Jを2枚と持ち手Iを、図の通りに生地3に貼り、余分なのりしろをカットする（余りは外側面Eに使う）。グレー部分ののりしろを処理する。本体の外側面に貼り、残りののりしろを本体に折り返して貼る。

6. 裏打紙1のBをサイズ調整し、生地4に貼り、余分なのりしろをカットする（余りは内側面Eに使う）。図の通りにグレー部分ののりしろを処理し、本体の内側面Bに貼る（2枚）。

7. 裏打紙2をサイズ調整し、生地5に貼り、4辺を処理し、持ち手裏に貼る。

8. 裏打紙3を本体内側面のC、A、Cにあてサイズ調整し、生地6を貼り、4辺を処理する。内側面C、A、Cに貼る。

9. 側面Jから切り出した外側面Eを、生地3の余りに貼り、のりしろ1cmを残して余分をカットする。直線2辺ののりしろを折り返して貼ったものを、本体外側面Eに貼る。曲線ののりしろは本体に折り返して貼る（4枚）。

10. 裏打紙1のEをサイズ調整し、生地4の余りに貼り、曲線の辺だけ折り返して貼る。直線ののりしろは残したまま、本体内側面Eに貼る（4枚）。

11. 裏打紙4をふた箱内側面のF、D、Gにあてサイズ調整し、生地7を貼り、4辺を処理する。内側面F、D、Gに貼る（2枚）。

12. 持ち手に飾り用リボンを貼り、完成。

21 ランチョンマットトレイ

P.20　仕上がりサイズ：縦36×横48×高さ5　（単位：cm）
使う道具は「基本セット（P.30）」のみです。

材料　　　　　　　縦×横

* 裏打紙1…36×48
* 生地1（裏）／紫無地…40×52
* 生地2（表）／オレンジ柄…39×51

手順

1. 生地1に間隔を5mmあけて厚紙A、B、Cを貼り、角4か所を45度にカットし、のりしろ4辺を折り返して貼る（厚紙がないところは生地同士を貼り合せる）。
→【配置】参照

2. 持ち手は内側1cmのりしろを残して余分をカットし、角は45度に切り込みを入れ、のりしろを折り返して貼る。厚紙が見える角はあて布をする。

3. 裏打紙1を本体にあててサイズ調整し、持ち手の穴をあける。

4. 裏打紙1に生地2を貼り、角4か所を45度にカットし、のりしろ4辺を折り返して貼る。持ち手は同様に処理する。

5. 生地2を本体に貼り、隙間部分に生地をよく落とし込んで、完成。

製図

【2mm厚紙】

底A　25cm×37cm　×2枚
厚紙A,B,Cはそれぞれ2枚ずつ貼り合わせておく

側面D　48cm、6cm、37cm、5cm、5.5cm　×4枚

側面C　29cm、25cm、5cm、1cm、2cm、8cm、2cm、5cm、2cm　×4枚

【配置】

側面B / 底A / 側面C / 側面C / 側面B　0.5cm
生地
厚紙がないところ

22 道具箱

P.16　仕上がりサイズ：縦26×横13×高さ14　　（単位：cm）
使う道具は「基本セット(P.30)」のみです。

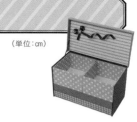

材料　　　　　縦×横

* 裏打紙1（ふた外側面）…1.3×52
* 裏打紙2（内側面）…13×50
* 画用紙1（上段中箱外底）
　…11.8×11.8　2枚
* 画用紙2（下段中箱外底）…12×23.8
* 生地1（ふた）／紫無地1…15×28
* 生地2（ふた側面）／紫無地2…6×55
* 生地3（内ぶた）／
　紫ストライプ…15×27
* 生地4（外側面）／紫無地3…17×53
* 生地5（ちょうつがい）／
　紫無地3…4×24.5
* 生地6（内側面）／紫無地2…15×52
* 生地7（上段中箱側面）／
　黄緑水玉…17×51　2枚
* 生地8（上段中箱内底）／
　白柄…14×14　2枚
* 生地9（下段中箱側面）／
　黄緑無地…15×75
* 生地10（下段中箱内底）／
　白柄…14×26
* リボン（ふた支え用／3mm幅）…20
* リボン、ビジュー（飾り用）…お好みで

製図

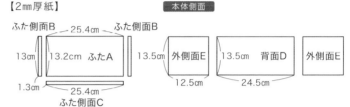

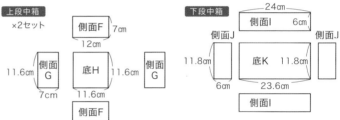

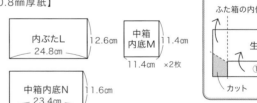

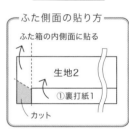

手順

1. ふたAの上にふた側面B、Cを立てるようにして、ふた箱を組み立てる。底Hの周囲を側面F、Gで囲み、上段中箱を2箱組み立てる。底Kの周囲を側面I、Jで囲み、下段中箱を組み立てる。

2. ふたAに生地1を貼り、のりしろを側面とふた裏に折り返して貼る。

3. 裏打紙1を生地2に貼る。長辺ののりしろはなし。裏打紙1を生地2に折り返して貼る。ふた外側面に貼り、のりしろはふた内側面に折り返して貼る（「ふた側面の貼り方」参照）。

4. 内ぶたLに生地3を貼り、角を45度にカットし、4辺ののりしろを折り返して貼る。ふた裏にはまだ貼らない。

5. 外側面E、D、Eをそれぞれ、間隔を5mmあけて生地4に貼る。

6. 背面Dの上辺ののりしろに切り込みを入れ、ちょうつがいを作る。角を45度にカットし、残りののりしろ5辺を折り返して貼る。

7. 生地5をちょうつがい部分に貼り、上辺のりしろと貼り合せる。ちょうつがいの角を45度にカットし、形を整えておく。

8. 側面Eにふた支えリボンを貼り、水貼りテープで補強する。

9. 裏打紙2を貼った生地6の角を45度にカットし、4辺ののりしろを折り返して貼る。側面E、D、Eの内側に貼る。

10. 上段中箱の外側面に生地7を貼り、下辺ののりしろを処理する。上辺ののりしろに切り込みを入れて、内側面に貼る。

11. 生地8を貼った中箱内底Mの角を45度にカットし、4辺ののりしろを折り返して貼り、中箱内底に貼る。外底に画用紙1を貼る（2箱）。

12. 下段中箱も同様に仕上げる。

13. 背面に下段中箱を、側面Eに上段中箱を貼る。

14. ちょうつがい部分にふた箱を貼る。ふた裏にふた支えリボンを貼り、水貼テープで補強する。

15. ふた箱に4の内ぶたLを貼り、飾りリボンを貼って完成。

23 紅茶の箱

P.23　仕上がりサイズ:縦24×横32×奥行き10
使う道具は「基本セット(P.30)」のほかに、めうちです。

(単位:cm)

製図

【2mm厚紙】
本体

- 側面A
- 底C　9.6cm × 32cm
- 底面B　24cm × 9.6cm、23.6cm
- 側面A　24cm × 32cm
- 底面B　9.6cm
- ふたD　9.6cm × 32cm

【1mm厚紙】エンボスM
4cm × 3.5cm

上部にエンボスを入れる場合は、ティーポットの形にカット
※一番最後のページにデザインの型紙があります

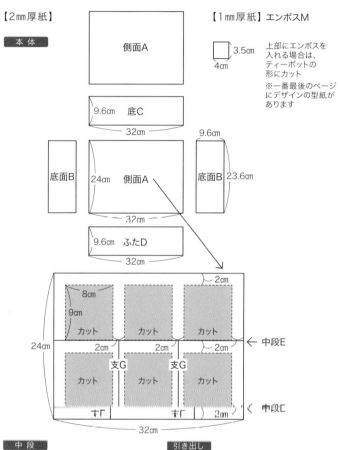

中段E部分:
- 8cm / 9cm カット ×3
- 2cm間隔
- 中段E 31.6cm × 9.6cm ×2枚
- 支F 9.6cm × 1.6cm ×2枚
- 支G 9.6cm × 10.8cm ×2枚

引き出し

- 側面H 8.6cm × 7.6cm
- 側面I 9.2cm × 8.6cm
- 底J 9.2cm × 7.2cm
- 側面I
- 側面H
×6セット

スキバルの貼り方

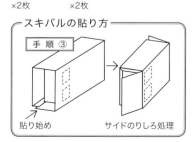

手順③　貼り始め → サイドのりしろ処理

【0.8mm厚紙】
- 内底K 9cm × 7cm ×6枚
- パネルL 9cm × 9.5cm ×6枚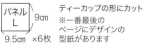

ティーカップの形にカット
※一番最後のページにデザインの型紙があります

材料　　　縦×横

* スキバル1(外側面)…70×53
* スキバル2(引き出し側面)…20×37　6枚
* スキバル3(引き出し外底)…9.4×7.4　6枚
* スキバル4(パネル裏)…9×9.5　6枚
  パネルをトレースしてカット
* 生地1(引き出し内底)/柄…11×9　6枚
* 生地2(パネル)/柄…11×12　6枚
* ギボシ…6個

手順

1. 開口部がある側面Aの上に側面B、底C、ふたDをのせて組み立てる。下段と上段の開口部の下辺に合わせて、中段Eを2枚貼る。下部の隙間に支Fを2枚貼り、下段開口部分に支Gを2枚貼る(図参照)。開口部のない側面Aを上にのせて貼る。エンボスMをティーポットの形にカットし、上部に貼る。

2. 底Jの周囲を側面H、Iで囲み、引き出しを組み立てる(6箱)。本休に入ることを確認する。

3. スキバル1を箱裏の下辺から貼る。ヘラでエンボス部分をなぞる。サイドののりしろを処理する。
→【スキバルの貼り方】参照
(P.36【エンボスの入れ方】も参照してください)

4. 引き出し開口部はのりしろ1cmを残して余分をカットし、角は45度に切り込みを入れ、のりしろを折り返して貼る。

5. 引き出し外側面にスキバル2を貼り、下辺ののりしろを処理する。上辺ののりしろに切り込みを入れて、内側面に貼る。外底にスキバル3を貼る(6箱)。

6. 内底Kに生地1を貼り、角4か所を45度にカットし、のりしろを折り返して処理する。引き出し内底に貼る。めうちでギボシの穴をあける(6箱)。

7. パネルLに生地2を貼り、余分なのりしろをカットし、のりしろを折り返して貼る。裏にスキバル4を貼る。めうちで穴をあけ、引き出しにギボシで留めて、完成。

24 コーヒーカプセル BOOK

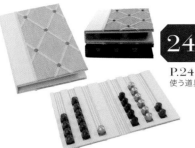

P.24　仕上がりサイズ：縦30×横21×奥行き4　　（単位：cm）
使う道具は「基本セット(P.30)」のみです。

材料　　　　　縦×横

* 裏打紙1…29.5×45
* 生地1（外側面）／
  ベージュ柄…33×49
  （2色にする場合は
  縦タイプ 33×13と33×18　2枚
  横タイプ11×49と22×49）
* 生地2（内側面）／
  ベージュストライプ…32×45
* 生地3（フレーム）／
  ベージュ無地…33×24　2枚
* ブレード　縦タイプ…33　2本
  　　　　　横タイプ…49

手順

1. 生地1に配置どおりに間隔を5mmあけて外側面Aと背面Bを貼り、角4か所を45度にカットし、のりしろを折り返して貼る。
2. 生地2に裏打紙1を貼り、長辺2辺ののりしろを折り返して貼る（短辺はのりしろなし）。本休内側面に貼る。
3. 内側面Cに生地3を貼り、のりしろ1cmを残して余分をカットする。外側ののりしろは角4か所を45度にカットし、のりしろを折り返して貼る。内側は角に45度の切り込みを入れ、のりしろを折り返して処理する。同じものを2枚作る（左右対称にならないように要注意）。
4. 内側面Cの支D部分にボンドを塗って本体に貼り、完成。

製図

【2mm厚紙】

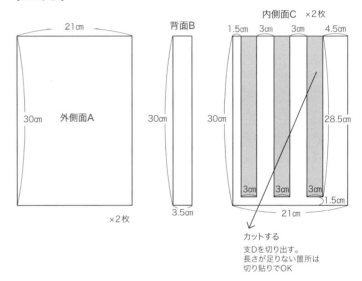

カットする
支Dを切り出す。
長さが足りない箇所は切り貼りでOK

内側面Cの裏に支Dを貼る

支Dの貼り方（内側面Cの裏に貼る）
①→②→③→④の順に貼る

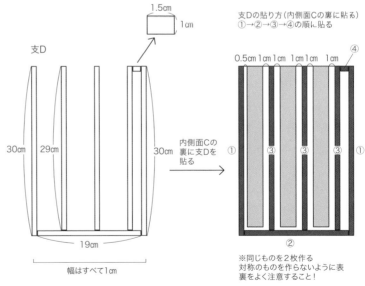

※同じものを2枚作る
対称のものを作らないように表裏をよく注意すること！

【配置】

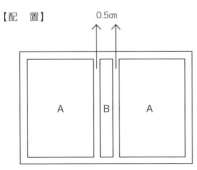

25 ワインバッグ 生地2枚で作れる!

P.25　仕上がりサイズ：縦37×横13×奥行き4
使う道具は「基本セット(P.30)」のみです。

ワンポイントアドバイス
ワインボトルは重さがあるので、
中〜厚手の生地を使いましょう。
持ち運ぶ際は、リボンをしっかりと結んでください。

（単位：cm）

材料　縦×横

* 生地1（外側面）／紫無地…82×16
* スキバル1（内側面）…79×12.5
* リボン（4cm幅）　100

製図

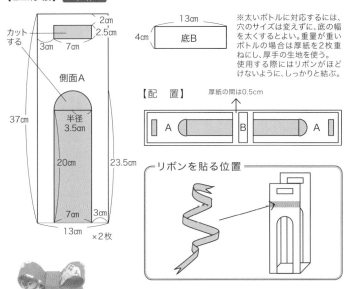

手順

1. 生地1に側面A、底Bを配置どおりに間隔5mmをあけて貼り、角4か所を45度にカットし、のりしろを折り返して貼る。
2. 持ち手と開口部はのりしろ1cmを残して余分をカットし、のりしろに切り込みを入れ、折り返して貼る。厚紙が見える角はあて布をする（開口部は2か所。持ち手の長方形とワインを入れる部分）。
3. スキバル1を本体にあててサイズを調整し、持ち手とワイン部分の穴をあけ、本体裏に貼る。
4. リボンを片側の側面Aの持ち手と開口部の間にしっかりと貼り、完成。
   →【リボンを貼る位置】参照

26 箸置き 生地2枚で作れる!

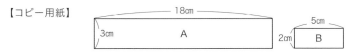

P.21　仕上がりサイズ：縦2×横5×高さ3
使う道具は「基本セット(P.30)」のみです。

（単位：cm）

材料　縦×横

* 生地1（本体）　4×19
* 生地2（帯）…3×6

※のりしろは0.5cm（のりしろが少ない方が内側にしわが寄りにくい）。

製図

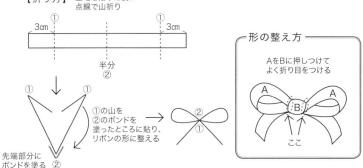

手順

1. Aを生地1に貼る。
2. 角4か所を45度にカットし、のりしろを折り返して貼る。
3. 細長い形状になるように、半分に折って貼り合わせる。
4. 同様にBを生地2に貼り、角4か所を45度にカットし、のりしろを折り返して貼り、短辺を半分に折り、帯部分を作る。
5. Aを折り、リボンの形を作る。
   →【折り方】参照
6. Bを中央に巻き、形を整える。
   →【形の整え方】参照
   一晩ボンドをよく乾かして完成。

27 ピクチャーBOX

P.26 仕上がりサイズ：縦29×横34×高さ7 (単位：cm)
使う道具は「基本セット（P.30）」のほかに、めうちです。

ワンポイントアドバイス
飾る絵はマスキングテープでフレームKに貼ります。

材料　　　縦×横

* 画用紙（引き出し外底）…28×33
* 生地1（外側面）／白無地…36×75
* 生地2（側面M）／白無地…9×31
* 生地3（フレームH）／黒無地…33×37
* 生地4（フレームK）／柄…29×34 2枚
* 生地5（引き出し側面）／
  白無地…15×127
* 生地6（引き出し内底）／柄…30×35
* リボン（フレームK／3mm幅）…6
* ギボシ…1個
* アクリル板…29.2×33.8

手順

1. 背面Bの周囲を側面C、Dで囲んで貼り、その上に前面Aをのせて本体を組み立てる。底Eの周囲を側面F、Gで囲んで貼り、引き出しを組み立てる。引き出しが本体に入るかを確認する。

2. 生地1を本体外側面に貼り、上辺、下辺ののりしろを処理する。前面Aから貼り始めると、のりしろの重なりがフレーム下に隠れる。

3. 側面Mに生地2を貼り、角を45度にカットし、のりしろを折り返して貼る。本体の外側面Dに貼る。

4. フレームHの表に、飾りフレームLを中央に配置して貼る。フレームHに生地3を貼る。少し乾いてからLの段差部分をヘラでなぞってなじませる。

5. フレームの内側はのりしろ1cmを残して余分をカットし、角は45度に切り込みを入れ、のりしろを折り返して貼る。必要に応じて角にあて布をする。

6. フレームHの裏にアクリル板を貼り、その上に側面IとJを外枠ギリギリに貼る。外側ののりしろは、厚みを考慮して角を45度にカットし、段差は切り込みなしで、そのまま4辺ののりしろを折り返して貼る。IとJ部分にボンドを塗り、本体の前面Aの上に貼る。

7. フレームKに生地4を貼り、角を45度にカットし、のりしろを折り返して貼る（2枚）。1枚の上辺に引き出すリボンを貼り、水貼りテープで補強し、2枚を貼り合わせる。

製図

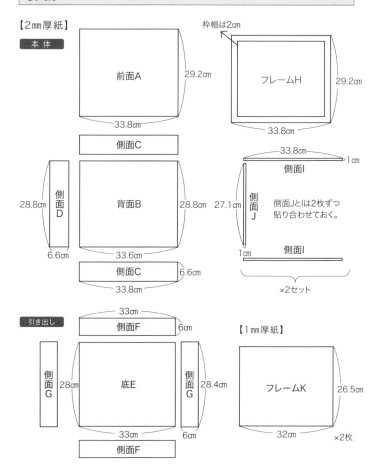

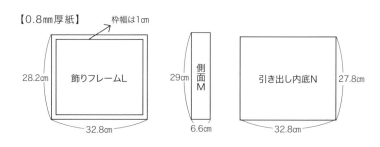

8. 引き出し外側面に生地5を貼る。下辺ののりしろを処理。上辺ののりしろに切り込みを入れ、内側面に貼る。外底に画用紙を貼る。

9. 引き出し内底Nに生地6を貼り、角を45度にカットし、のりしろを折り返して貼る。引き出し内底に貼る。側面Gの中央にギボシをつけて完成。

28 ハートのティッシュBOX

P.19　仕上がりサイズ：縦18×横18×高さ13（縦12×横12×高さ10）　　　（単位：cm）
使う道具は「基本セット（P.30）」のみです。

ワンポイントアドバイス
ティッシュは半分に折って入れます。
大きいサイズは箱ティッシュ、
小さいサイズはポケットティッシュが入ります。

製図

【2mm厚紙】

ふたA
17cm×17cm
（11cm×11cm）

底B
16.4cm×16.4cm
（10.4cm×10.4cm）

※一番最後のページにデザインの型紙があります

【0.8mm厚紙】

外ぶたE
17.3cm×17.3cm
（11.3cm×11.3cm）
ふた箱を組み立て後にトレース

内ぶたF
17cm×17cm
（11cm×11cm）
ふたAをトレースし、線の内側をカット

外底G
16.4cm×16.4cm
（10.4cm×10.4cm）
底Bをトレース

【1mm厚紙】

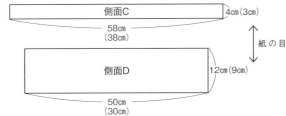

側面C　58cm（38cm）　4cm（3cm）
側面D　50cm（30cm）　12cm（9cm）
紙の目

材料　　　縦×横

* 裏打紙1（内底）…17×17（11×11）
  （底Bをトレース）
* 裏打紙2（内側面）
  …11.2×49（8.2×29）
* 生地1（外側面）／
  赤無地…14×53（11×33）
* 生地2（内底）／
  グレー無地…19×19（13×13）
* 生地3（外底）／
  赤無地…19×19（13×13）
* 生地4（内側面）／
  グレー無地…14×51（11×31）
* 生地5（ふた側面）／
  柄…11×60（9×40）
* 生地6（ふた）／柄…19×19（13×13）
* 生地7（内ぶた）／
  グレー無地…19×19（13×13）

箱の組み立て方

手順①

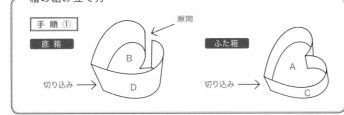

底箱　　B　隙間　　ふた箱　　A
　　　　D　　　　　　　　　　C
切り込み　　　　　　切り込み

手順

1. ふたAの周囲を側面Cで囲い、先端の外側に縦に切り込みを入れ、組み立てる。側面Dの中央外側に縦に切り込みを入れ、底Bの周囲を囲んで組み立てる。底箱にはティッシュ開口部の隙間ができる。乾くまで輪ゴムをふたと底と平行になるように、下部にかけるとよい。
→【箱の組み立て方】参照

2. 底箱外側面に生地1を貼り、のりしろを処理する。

3. 裏打紙1に生地2を貼り、ピンキングばさみでのりしろ5mmを残して余分をカットし、底箱内底にあてる。開口部ののりしろに切り込みを入れる。そのまま本体内底に貼り、開口部のりしろは底の裏に折り返して貼る。必要に応じてあて布をする。

4. 外底Gに生地3を貼り、のりしろ5mmを残して余分をピンキングばさみでカットし、のりしろを裏に折り返して貼る。底箱外底に貼る。

5. 裏打紙2を本体内側面にあてサイズ調整し、生地4に貼り、角4か所を45度にカットし、のりしろ4辺を折り返して貼る。底箱内側面に貼る。

6. ふた箱側面に生地5を貼る。上辺はのりしろ5mmを残してピンキングばさみで余分をカットし、貼る（上辺はふた箱内側面に貼るので生地が足りなくならないよう注意）。下辺ののりしろを折り返してふた箱内側面に貼る。

7. 外ぶたEに生地6を貼り、のりしろ5mmを残してピンキングばさみで余分をカットし、のりしろを裏に折り返して貼る。外ぶたに貼る。

8. 内ぶたFをサイズ調整し、生地7を貼り、のりしろ5mm残して余分をピンキングばさみでカットし、のりしろを裏に折り返して貼る。内ぶたに貼る。

9. 飾りリボンを貼り、完成。

29 ドーナツ型時計BOX

P.18　仕上がりサイズ：縦18×横18×高さ7
使う道具は「基本セット(P.30)」のみです。

(単位：cm)

材料　　縦×横

* 裏打紙1（内底）…
　17×17（底Aをトレース）
* 裏打紙2（内側面）…5.7×54
* 裏打紙3（ふた側面）…1.5×57
* 生地1（外側面）／赤無地…9×57
* 生地2（外底）／赤無地…19×19
* 生地3（内底）／茶無地…19×19
* 生地4（内側面）／茶無地…8×56
* 生地5（ふた）／白無地…20×20
* 生地6（ふた側面）／白無地…6×59
* 生地7（ふた裏）／白無地…19×19
* 生地8（時計台）／茶無地…17×17
* 生地9（時計台裏）／茶無地…16×16
* 生地10（支）／茶無地…11×5　3枚
* アクリル板…直径17.6
* ポリウレタンシート…14×14
* ぽんぽんタッセル…1個
* りぼん（飾り用）…お好みで

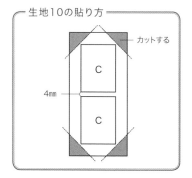

― 生地10の貼り方 ―
カットする
4mm

― 支Cを貼る位置 ―
支Cの短辺を底に、長辺を側面に貼る

手順

【外箱】

1. 側面Eを底Aにあて、長さを調節し、底Aの断面にボンドを塗り、組み立てる。
2. 底箱外側面に生地1を貼る。のりしろを折り返した短辺から貼り始め、反対側を下に入れ込む。下辺のりしろ5mmを残してピンキングばさみでカットし、外底に貼る。上辺のりしろの重なりをカットし、内側面に折り返して貼る。
3. 外底Hに生地2を貼り、余分なのりしろをピンキングばさみでカットし、折り返して貼り、本体外底に貼る。
4. 裏打紙1に生地3を貼り、余分なのりしろをピンキングばさみでカットし、のりしろを残したまま、底箱の内底に貼る。
5. 裏打紙2に生地4を貼り、角2か所を45度にカットし、短辺1辺を残し、のりしろ3辺を折り返して貼る。
6. 本体内側面にボンドを多めに塗り、5を貼る。のりしろを折り返した短辺から貼り始め、反対側を下に入れ込む。

【ふた】

7. ふた側面Dをアクリル板にあて、長さ調節をし、アクリル板の断面にボンドを塗り、組み立てる。
8. 外ぶたFに生地5を貼り、内側も外側ものりしろを5mm残してピンキングばさみでカットする。必要に応じて切り込みを入れ、内側ののりしろを折り返して貼る。
9. 8をふた箱のアクリル板の上に貼る。外側ののりしろはふた外側面Dに貼る。
10. 外側面にぽんぽんタッセルを貼り、水貼りテープで補強する。
11. 裏打紙3に生地6を貼り、のりしろの角を落とす。裏打紙3にボンドを塗り、生地に折り返して貼る。短辺ののりしろを折り返して貼る。
　→P.33【丸ふた箱の生地の貼り方】1～7までを参照
12. 11ののりしろを折り返してある短辺からふた側面に貼り始め、反対端を下に入れ込んで貼る。
13. ふた側面の長辺のりしろを内側面に折り返し、折り跡をつけ、のりしろ5mmを残して余分をカットする。内側面に貼る。
14. ふた裏Gのサイズ調整をし、生地7を貼り、内側も外側ものりしろを5mm残してピンキングばさみでカットする。必要に応じて切り込みを入れ、内側も外側ものりしろを折り返して貼り、ふた箱の内側に貼る。

【時計台】

15. 時計台Bにポリウレタンシートを貼り、余分をカットする。
16. 生地8を時計台Bに貼り、のりしろ1cm残してピンキングばさみで余分をカットする。角を45度にカットし、のりしろを折り返して貼る。
17. 時計台裏Iに生地9を貼り、同様にのりしろを折り返して貼る。時計台Bと時計台裏Iを貼り合わせる。
18. 支C2枚の間隔を4mmあけて生地10に貼る。角4か所を45度にカットし、のりしろを折り返して貼る。半分に折り、2枚を貼り合せる。これを3個作る。
　→【生地10の貼り方】参照
19. 支Cの断面にボンドを塗り、底箱に3等分の角度になるように、内側面に立てるように貼る。
　→【支Cを貼る位置】参照
20. 外側面に飾りリボンを貼り、完成。

製 図

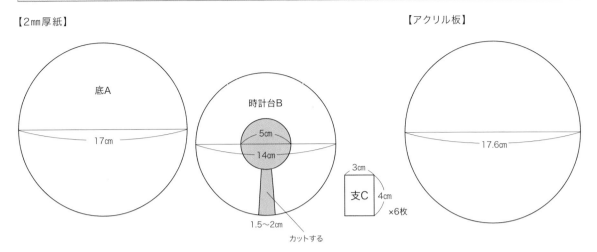

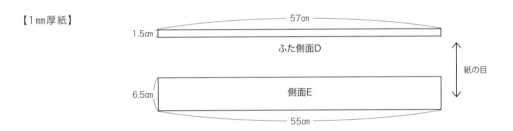

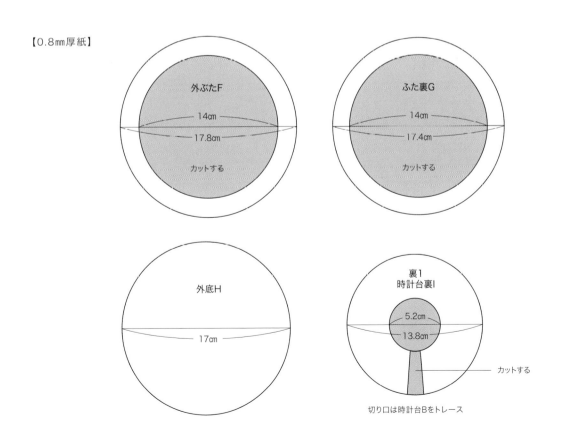

73

30 ロールペーパーストッカー&カバーと小物入れ

P.28　仕上がりサイズ：縦14×横14×高さ11／縦14×横14×高さ24　　　（単位：cm）
使う道具は「基本セット(P.30)」のみです。

材料　　縦×横

【ふた箱(2セット)】
* 裏打紙1（ふた側面）…2.5×44
* 生地1（ふた）／ストライプ…16×16
* 生地2（ふた側面）／無地…9×46
* 生地3（内ぶた）／無地…16×16
* ワッペン（飾り用）…お好みで

【底箱(小物入れ)】
* 裏打紙2（内底）…13×13（底Bをトレース）
* 裏打紙3（内側面）…9.2×42
* 生地4（外側面）／ストライプ…12×45
* 生地5（外底）／無地…15×15
* 生地6（内底）／無地…15×15
* 生地7（内側面）／無地…12×44

【底箱(ロールペーパーストッカー)】
* 裏打紙4（内底）…13×13（底Bをトレース）
* 裏打紙5（内側面）…22.2×39
* 生地8（外側面）／ストライプ…25×43
* 生地9（内底）／無地…15×15
* 生地10（外底）／無地…15×15
* 生地11（内側面）／無地…25×41

製図

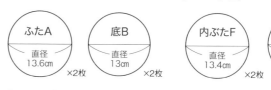

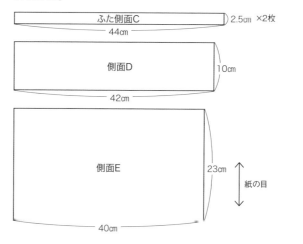

手順

【ふた箱】
1. ふたAの周囲をふた側面Cで囲い、ふた箱を組み立てる。
2. ふたAに生地1を貼り、のりしろ5mmを残して余分をピンキングばさみでカットし、のりしろを側面に貼る。
3. 裏打紙1に生地2を貼る。長辺ののりしろはなし。裏打紙1を生地2に折り返して貼る。ふた外側面に貼り、ふた内側面に折り返して貼る。
→P.33【丸ふたの生地の貼り方】参照
4. 内ぶたFに生地3を貼り、のりしろ5mmを残して余分をピンキングばさみでカットし、のりしろを裏に折り返して貼り、内ぶたに貼る。飾りワッペンを貼り、完成。

【底箱(小物入れ)】
1. 底Bの周囲を側面Dで囲い、底箱を組み立てる。
2. 外側面に生地4を貼り、上辺、下辺ののりしろを処理する。
3. 外底Gに生地5を貼り、のりしろ5mmを残して余分をピンキングばさみでカットし、のりしろを裏に折り返して貼り、外底に貼る。
4. 裏打紙2に生地6を貼り、のりしろ5mmを残して余分をピンキングばさみでカットし、底箱内底に貼る。
5. 裏打紙3に生地7を貼り、角2か所を45度にカットし、のりしろを3辺折り返して貼る。
6. 本体内側面にボンドを多めに塗り、5ののりしろを処理した短辺から貼り、反対側を下に入れ込んで、内側面に貼り、完成。

【底箱(ロールペーパーストッカー)】
1. 底Bの周囲を側面Eで囲い、底箱を組み立てる。側面に隙間ができる。乾くまで輪ゴムをふたと底に平行になるように、下部にかけるとよい。
2. 外側面に生地8を貼り、全辺ののりしろを処理する。
3. 裏打紙4に生地9を貼り、のりしろ5mmを残して余分をピンキングばさみでカットし、底箱内底にあてる。開口部ののりしろに切り込みを入れる。そのまま本体内底に貼り、開口部ののりしろは底の裏に折り返して貼る。
4. 外底Gに生地10を貼り、のりしろ5mmを残して余分をピンキングばさみでカットし、のりしろを裏に折り返して貼り、外底に貼る。
5. サイズ調整した裏打紙5を生地11に貼り、角4か所を45度にカットし、のりしろ4辺を折り返して貼る。本体内側面に貼り、完成。

31 カチューシャBOX

P.14　仕上がりサイズ：縦17×横23×高さ21　（単位：cm）
使う道具は「基本セット(P.30)」のほかに、ペンチです。

材料　　　　　　　　　縦×横

* 裏打紙1（上段内底）…15.6×22
* 裏打紙2（上段内側面）…15.2×53
* 裏打紙3（ふた）…20×22.5
* 裏打紙4（帯）…4×25
* 画用紙1（引き出し外底）…15×20.8
* 生地1（外側面）／ストライプ…24×80
* 生地2（外底）／茶無地…19×24
* 生地3（ちょうつがい）／
　ストライプ…4×22
* 生地4（上段内底）／茶無地…18×24
* 生地5（上段内側面）／
　茶無地…18×55
* 生地6（上段仕切り）／
　ベージュ無地…31×24
* 生地7（引き出し外側面）／
　ストライプ…11×76
* 生地8（引き出し内底）／
　ミントストライプ…17×23
* 生地9（ふた）／茶無地…22×25
* 生地10（ふた前面裏）／
　茶無地…5×24
* 生地11（内ぶた）／
　ミントストライプ…18×24
* 生地12（前面）／ストライプ…23×25
* 生地13（前面裏）／茶無地…23×24
* 生地14（帯）／ストライプ…6×25
* リボン（ふた支え用／3mm幅）…20
* リボン
　（引き出し持ち手用／6mm幅）…6
* マグネット…1個
* 鏡…10×13（サイズはお好みで）
* ブレード（鏡周囲の飾り用）…50
* リボン（飾り用）…お好みで
* 革風タッセル…2個

手順

1. 背面A、側面B、底Cを組み立てる。側面L、M、引出底Nを組み立てる。
2. 本体内側下部に中箱側面IとJを貼る。IとJの断面にボンドを塗り、中段Hを断面の上にのせて貼る。→【中段の貼り方】参照
3. 本体外側面に生地1を貼る。背面Aから貼り始め、側面B、開口部、側面B、背面Aの順番で貼る。開口部はC、H、Iの断面にもボンドを塗る。
4. 3の下辺ののりしろは手前の長辺1辺を残し、3辺を貼る。背面A側の角2か所ののりしろを45度にカットし、前面ののりしろはちょうつがい②になるので、角は落とさずに折り、のりしろが前面に飛び出るように残して貼る。
5. 3の上辺ののりしろは1cmを残して開口部を大きく切り取る。
6. 背面Aの上部ちょうつがい①ののりしろに切り込みを入れる。側面B手前上部角2か所を45度にカット、手前下部角は45度に切り込みを入れる。ちょうつがい以外ののりしろを折り返して貼る。
→P.77【のりしろの貼り方】参照
7. 引き出し開口部はのりしろ1cmを残してカットし、角4か所に45度の切り込みを入れ、のりしろ4辺を貼る。
8. 外底Pに生地2を貼り、角2か所を45度にカットし、長辺1辺を残し、3辺を折り返して貼る。
9. のりしろが残っている長辺を手前にして、本体外底に貼る。本体ののりしろと貼り合せて、下部ちょうつがい②を作る。ちょうつがいの角を45度にカットし、形を整えておく。
10. 生地3を本体上辺のちょうつがい①に貼る。ちょうつがいの角を45度にカットし、形を整えておく。
11. 裏打紙1に生地4を貼り、角4か所を45度にカットし、手前の長辺1辺だけを折り返して貼り、3辺ののりしろを残したまま本体内底に貼る。
12. ふた支え用リボンを本体内側面に貼り、水貼りテープで補強する。
13. 裏打紙2をサイズ調整し、生地5を貼り、角4か所を45度にカットし、のりしろ4辺を折り返し、本体内側面に貼る。
14. 仕切りK2枚をサイズ調整し、間隔を4mmあけて生地6に貼り、角4か所を45度にカットし、のりしろを折り返して貼る。半分に折って貼り合せる。断面にボンドを塗って本体に貼る（特殊ボンドを使うとよい）。
15. 引き出し外側面に、下辺ののりしろが1cmになるように生地7を貼り、下辺ののりしろを処理する。上辺ののりしろに切り込みを入れる。
→P.32【生地の扱い方】参照
16. 引き出し正面中央部に生地の上から切り込みを入れ、穴に持ち手用リボンを通し、裏を水貼りテープで補強する。引き出し側面上部のりしろを内側面に折り返して貼る。→P.77【引き出しの生地の貼り方】参照
17. 引き出し内底Rに生地8を貼り、角4か所を45度にカットし、のりしろを折り返して貼る。引き出し内底に貼る。外底に画用紙1を貼る。
18. 裏打紙3を生地9に貼る。ふたEとふた前面Gを間隔を5mmあけて裏打紙3に貼る。角4か所を45度にカットし、のりしろを折り返して貼る。
→P.77【ふたE、ふた前面Gの貼り方】参照
19. ふた前面裏Qに生地10を貼り、角を2か所45度にカットし、長辺1辺を残し、3辺ののりしろを折り返して貼る。上部中央にマグネット（凸）をつける。ふた前面Gの裏に貼る。→P.77【マグネットのつけ方】参照

製図

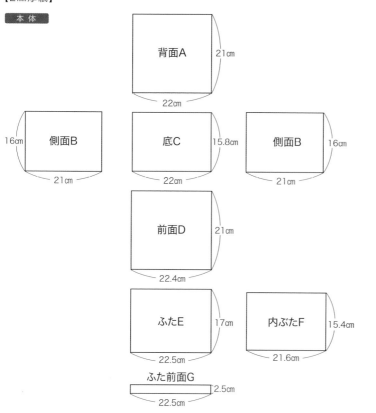
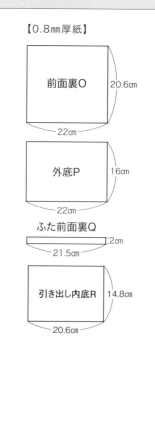
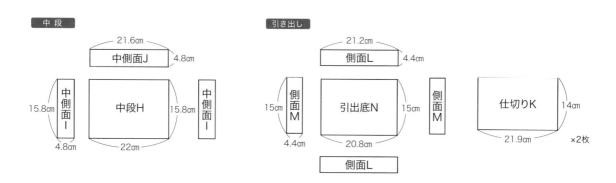

20. ふたを本体上部ちょうつがいに貼り、ふた支え用リボンをふた裏に貼り、水貼りテープで補強する。
21. 内ぶたF中央部を鏡サイズに切り抜き、生地11を貼り、外側ののりしろ4辺を処理する。内側ののりしろは1cmを残して余分をカットし、45度に切り込みを入れ、のりしろを折り返して貼る。
22. 本体ふた裏に内ぶたFを貼る。鏡を開口部に貼る。ブレードを鏡のふちに貼る。
23. 前面Dに生地12を貼り、角4か所を45度にカットし、のりしろ4辺を折り返して貼る。
24. 前面Dを本体下部のちょうつがいに貼る。前面裏Oの厚みを考慮する。マグネット(凹)をつける。
25. 前面裏Oに生地13を貼り、角4か所を45度にカットし、のりしろ4辺を折り返して貼る。
26. 裏打紙4に生地14を貼り、長辺2辺を折り返して貼る。前面裏Oの裏に貼り、水貼りテープで補強する。前面裏に貼り、完成。

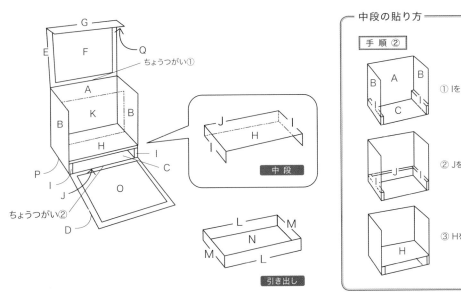
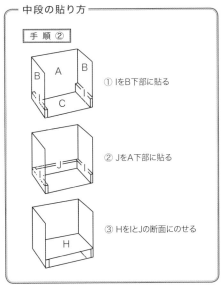

- 中段の貼り方 -

手順 ②

① IをB下部に貼る

② JをA下部に貼る

③ HをIとJの断面にのせる

- のりしろの貼り方 -

手順 ⑥

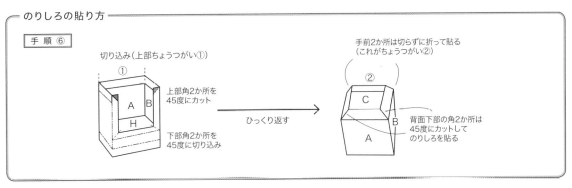

切り込み（上部ちょうつがい①）

上部角2か所を45度にカット

下部角2か所を45度に切り込み

ひっくり返す

手前2か所は切らずに折って貼る（これがちょうつがい②）

背面下部の角2か所は45度にカットしてのりしろを貼る

- 引き出しの生地の貼り方 -

手順 ⑯

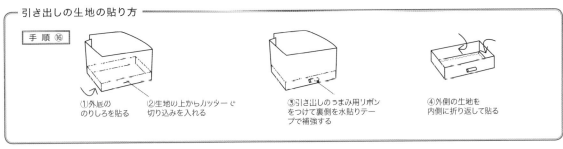

①外底ののりしろを貼る
②生地の上からカッターで切り込みを入れる
③引き出しのつまみ用リボンをつけて裏側を水貼りテープで補強する
④外側の生地を内側に折り返して貼る

- ふたE、ふた前面Gの貼り方 -

手順 ⑱

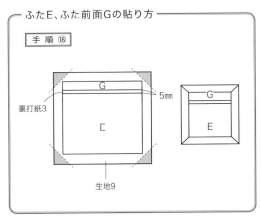

裏打紙3

5mm

生地9

- マグネットのつけ方 -

手順 ⑲

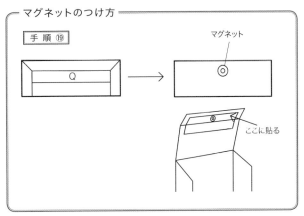

マグネット

ここに貼る

77

32 電子機器収納BOX

P.27　仕上がりサイズ：縦18×横25×高さ18
使う道具は「基本セット(P.30)」のみです。

(単位：cm)

[中箱]

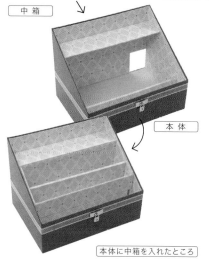

[本体]

[本体に中箱を入れたところ]

手 順

1. 底Aの周囲を側面B、C、Dで囲み、本体を組み立てる。底Eの周囲を側面F、G、Hで囲んで中箱を組み立てる。中箱は両端にケーブルを通す隙間があるので、底Eの長辺のみを貼る（両端に隙間ができる）。

2. 生地1を本体外側面に貼り、下辺ののりしろを処理する。上辺はのりしろ1cmを残して余分をカットし、折り返して貼る。
→P.33【上辺が鋭角の場合の処理方法】参照
ケーブル用開口部はのりしろ1cmを残して余分をカットし、角は45度に切り込みを入れ、折り返して貼る。必要に応じてあて布をする。

3. 外底Nに生地2を貼り、角4か所を45度にカットし、のりしろを折り返して貼る。本体外底に貼る。

4. 裏打紙1に生地3を貼り、角4か所を45度にカットする。ケーブル用開口部にあて、のりしろに切り込みを入れ、そこだけ折り返して貼る。残りののりしろを残したまま、本体内底に貼る。

5. 裏打紙2と裏打紙3を本体内側面にあてサイズ調整し、生地4に隙間なく貼り、のりしろ1cm残して余分をカットする。ケーブル開口部はのりしろ1cmを残して余分をカットし、角は45度に切り込みを入れ、折り返して貼る。上辺と下辺ののりしろだけ折り返して貼り、本体内側面B、C、Bに貼る。

6. 裏打紙4を生地5に貼り、角4か所を45度にカットし、のりしろを折り返して貼る。本体内側面Dに貼る。

7. 中箱の外側面に生地6を貼る。本体同様に余分をカットし、のりしろを処理する。
→P.79【中箱の底のりしろの処理】参照

8. 裏打紙5に生地7を貼り、切り込みを入れる。
→P.79【中箱内底の切り込みの入れ方】参照
中箱内底に貼り、のりしろを本体に貼る。中箱外底に画用紙1を貼る。

9. 裏打紙6をサイズ調整し、生地8を貼り、のりしろ1cmを残して余分をカットする。上辺、下辺ののりしろを折り返し、中箱内側面に貼る。

10. 裏打紙7に生地9を貼り、角4か所を45度にカットし、のりしろ4辺を折り返して貼る。中箱内側面Hに貼る。

11. 仕切りIを中箱に入れてサイズ調整し、2枚の長辺の間隔4mmをあけて生地10に貼り、角4か所を45度にカットし、のりしろを折り返して貼る。半分に折って貼り合わせ、断面にボンドを塗り、中箱に貼る。
→P.79【支L、上段M、仕切りI生地の貼り方】参照

12. 同様に上段Mに生地11を巻いて貼り、4辺を処理して半分に折る。断面にボンドを塗り、本体上部に貼りつける（位置はお好みで。上段Mが中箱の背面のストッパーになる）。

13. 支JとKをそれぞれ2枚ずつ貼り合せ、生地12と13をそれぞれに貼り、角4か所を45度にカットし、のりしろ4辺を折り返して貼る。

14. 支Lは間隔4mmをあけて生地14に貼り、角を4か所を45度にカットし、のりしろを折り返して貼る。半分に折って貼り合わせ、断面にボンドを塗り、本体に貼る（中箱の側面Hの真下にくる位置、左側に寄せて貼る。右側にできる隙間はケーブルを通すため）。
→P.79【支の貼り方】【支L、上段M、仕切りI生地の貼り方】参照

15. 支Kを左側、支Jを右側の側面Bに貼り、外側に飾りリボンとチャームを貼って、完成。

材　料　縦×横（厚紙は製図を参照）

* 裏打紙1（内底A）…17.6×24.6
* 裏打紙2（内側面C）…17.3×24.6
* 裏打紙3（内側面B）
　…17.3×17.6　2枚
　（側面Bをトレース・調整）
* 裏打紙4（内側面D）…7.5×24.3
* 裏打紙5（中箱内底E）…7.6×21.5
* 裏打紙6（中箱内側面F、G、F）
　…8×39（側面Fをトレース・調整）
* 裏打紙7（中箱内側面H）…3.5×23.5
* 画用紙1（中箱外底）…7.6×21.3
* 生地1（外側面）／灰無地…20×89
* 生地2（外底）／灰無地…20×27
* 生地3（内底A）／ピンク柄…20×27
* 生地4（内側面B、C、B）／
　ピンク柄…20×63
* 生地5（内側面D）／ピンク柄…10×27
* 生地6（中箱外側面）／ピンク柄…11×68
* 生地7（中箱内底）／ピンク柄…10×24
* 生地8（中箱内側面F、G、F）／
　ピンク柄…10×41
* 生地9（中箱内側面H）／ピンク柄…6×26
* 生地10（仕切りI）／ピンク柄…13×26
* 生地11（上段M）／ピンク柄…14×26
* 生地12（支J）／ピンク柄…8×10
* 生地13（支K）／ピンク柄…8×10
* 生地14（支L）／ピンク柄…14×25
* リボン（飾り用）、チャームなど…お好みで

製図

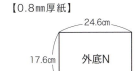

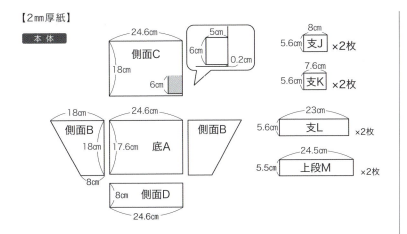

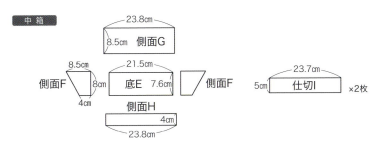

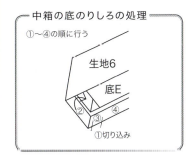

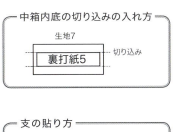

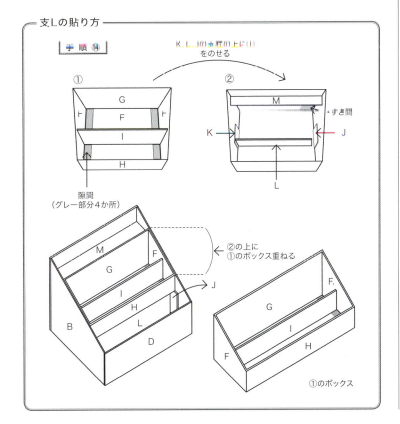

 佐伯真紀 *Maki Saeki*

東京都出身。カルトナージュのアトリエ「ATELIER ROSEBERRY」主宰。幼少時代に英国に4年、高校時代に米国に2年在住。夫の海外赴任により、2006年よりベルギーで暮らしている。カルトナージュとアートフラワーをコラボレートしたオリジナルデザインの作品を多数手がけ、雑誌にも多数掲載。ヨーロッパの香りが漂う、エレガントでかわいらしいテイストが持ち味。著書に『スイーツモチーフのカルトナージュ ベルギーから届いた手作りの布箱』『ヨーロッパから届いたかわいい布箱 おうちで使えるカルトナージュ』『ヨーロッパからの贈り物 ときめきのカルトナージュ』(小社刊)がある。

URL http://www.roseberrys.net

カルトナージュの新作発表やベルギーでの暮らしを綴っています。
[ブログ]　http://blog.livedoor.jp/roseberry_diary/
[インスタグラム]　https://www.instagram.com/atelier_roseberry/

Staff

撮影	結城剛太(表紙、P.1〜29)、奥田正治 冨永智子(P.30〜79)
ブックデザイン	田中公子、森山美賀(TenTen Graphics)
スタイリング	窪田千紘(フォトスタイリングジャパン)
トレース・製図イラスト	小須田愛、水野明子、石森紀子(KWC)
編集・構成	鈴木久子、西島恵、岡田智紗(KWC)
撮影協力	フォトスタイリングジャパン

本書の内容に関するお問い合わせは、お手紙かメール(jitsuyou@kawade.co.jp)にて承ります。
恐縮ですが、お電話でのお問い合わせはご遠慮くださいますようお願いいたします。

List

生地使用リスト

03	袱紗	無地:Libeco
04	コインケース	花柄:Liberty
05	IDケース	花柄:Liberty
07	スマートフォンケース	ストライプ:Clarke&Clarke
08	植木鉢カバー	英文字:Stof
10	タブレット端末&スマートフォンスタンド	ストライプ:Clarke&Clarke／柄:Güttermann
11	星のトレイ	水玉:Tilda／無地:Libeco
14	ラウンドバッグ 12 メガネ&ペンケース	ストライプ:Laura Ashley／英文字:Stof
16	マジックBOX	花柄:Greengate／ストライプ:Güttermann
17	ダストBOX	花柄:Laura Ashley
18	エンボスの箱	緑無地:スキバル
19	トートバッグ	花柄:Greengate
20	バスケットBOX	柄:Güttermann
21	ランチョンマットトレイ	柄:Güttermann
23	紅茶の箱	花柄:Tilda／白無地:スキバル
24	コーヒーカプセルBOOK	刺しゅう生地:Clarke&Clarke
25	ワインバッグ	茶無地:スキバル
26	箸置き	柄:Güttermann
27	ピクチャーBOX	柄:Güttermann／白無地:スキバル
28	ハートのティッシュBOX	花柄・チェック:Greengate
29	ドーナツ型時計BOX	無地:Libeco
32	電子機器収納BOX	柄:Güttermann／灰無地:スキバル

※その他の生地は、すべて一般の市販品を使用しています。

毎日使えるかわいい布箱
**ヨーロピアンスタイルで。
シンプルな大人のカルトナージュ**

2016年10月20日　初版印刷
2016年10月30日　初版発行

著　者　佐伯真紀
発行者　小野寺優
発行所　株式会社 河出書房新社
　　　　〒151-0051
　　　　東京都渋谷区千駄ヶ谷2-32-2
　　　　電話　03-3404-8611(編集)
　　　　　　　03-3404-1201(営業)
　　　　http://www.kawade.co.jp/
印刷・製本　三松堂株式会社

Printed in Japan　ISBN 978-4-309-28606-8

落丁・乱丁本はお取り替えします。
本書のコピー、スキャン、デジタル化等の無断複製は著作権法上での例外を除き禁じられています。本書を代行業者等の第三者に依頼してスキャンやデジタル化することは、いかなる場合も著作権法違反となります。

本誌の掲載作品について、営利目的(キット販売、作品販売、スクール運営など)で複製することは禁止されています。

- P.23 紅茶の箱（作り方P.67）
  ティーポットとティーカップ
- P.19 ハートのティッシュBOX（作り方P.71）

実寸大の型紙です。コピーして切り取ってお使いください。